大展好書　好書大展
品嘗好書　冠群可期

大展好書　好書大展

品嘗好書　冠群可期

武術特輯
151

普及太極拳

劉南亮　著

大展出版社有限公司

前　　言

　　筆者一輩子從事群眾文化工作，其間，太極拳運動一直伴隨著我，爲祛病健身、延年益壽，以身試拳已達五十餘載。

　　太極拳是一種「以意導動，動靜結合，內外兼練，性命雙修」的運動，內練精、氣、神，外練筋、骨、皮，鍛鍊功能是全身心的，健身效果是全面的，它是中華民族傳統文化中的瑰寶，是中華養生功中的一顆明珠。

　　太極拳又是一種「鬆、靜、慢、柔、圓」的運動，它動作優美，情趣高雅，內涵豐富，運動量小，出汗不覺累，疲倦不喘氣，練完一趟拳以後滿身輕利，精神特爽。這種有氧運動深受廣大人民群眾的喜愛。

　　太極拳更是一種「塑型健美、增智益慧」的運動。它理法嚴實，功夫深奧，把一個自然形體雕琢成一尊「立如秤準」的塑像，要求「活似車輪」的圓動，不斷調理身形，隨時修正不足。

　　筆者練拳至80歲，依然身軀挺拔不駝背，兩腳走路似有彈簧。在行拳走架時，聚精會神憶拳理、合拳規，在悟拳理中悟拳法，在悟拳法中悟人生。長期堅持演練，寒

暑不輟，如春風化雨，滋潤無聲，在不知不覺中強壯了體魄，淨化了心靈，不斷提高自身的精神境界。

自古以來，拳術的核心是「技擊」。太極拳產生之初，也是爲技擊所用，而健身是次要的。在傳統太極拳各派傳人中，不乏「楊無敵」這樣的高手「放人丈外，跌者懵然」「用意不用力，四兩撥千斤」。但在當今世界，冷兵器逐漸失去了主要地位，傳統技擊的價值已經削弱。若不用更多的時間和精力去追求太極拳豐富多彩的內涵和深奧莫測的妙境，則有深陷入誤區之虞。《普及太極拳》的出現，是時代的產物，大眾的需要，更是歷史的必然。

筆者出於職業本能，長期堅持以人爲本的思想理念，不斷求索中華民族優秀的太極拳如何惠及廣大人民群眾？如何讓工人、農民掌握和接受它？如何在百分之八十以上的農村地區推廣和普及？這就是《普及太極拳》萌發的初衷。

經過50餘年的實踐，在學習各派太極拳傳承經驗過程中，精心演練，博採眾長，比如，舒展的拳架學習楊澄甫；科學的纏絲勁效法陳鑫；太極理境繼承王宗岳等。在繼承傳統的基礎上，進行了必要的創新。

第一，改直線行拳爲圓形走架。練拳者在一個圓圈中（太極圖）以圓形、圓勢、圓動完成一套優美的太極拳運動。

第二，補偏刪繁。每式有左必有右，有右必有左，左

右平衡，全面發展。

第三，圖像力求清晰準確，立體直觀，易懂易學。消除畏難情緒，縮短學拳時間。

第四，文學解說盡可能追求形象生動，簡約明瞭，使授拳者減少許多贅語，學拳者一「點」即明。爲普及太極拳解決一些難點，讓太極拳運動平易地進入尋常百姓家。

《普及太極拳》涵蓋了傳統太極拳修煉的三層功夫：架功、氣功、勁功。「闖過三關再分手，健身、技擊任君走」。透過套路演練，一層一層攀升，循序積累功夫，必將達到強身健體、防身禦侮的目的。

凡學練過這套太極拳的人，都親身感受到運動效果明顯，別有一番新意。式子編排雖多（100式），但學習時間大大縮短。不論男女老少，不論學識水準高低，都可以從書本上輕鬆愉快地學會這套普及的太極拳。

盧陵布衣老人　劉南亮

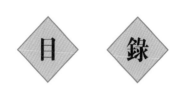

第一章 緒 論

「普及太極拳」是一套自我修煉、自我築基的強身健體運動，它充滿著科學道理，富於深厚哲理，是符合運動生理學和運動力學的一門藝術。

它根據中國傳統哲學——太極陰陽學說，指導人們運用人體自身非常精密而複雜的結構，以中樞神經系統為主導，從骨、肉、筋的軀體外部到血、液、津的生理內部，調動它們各種機能，進行協調共振，自我調節到最佳功能態，提高生命力，增強免疫力，延長人的預期壽命，追求健康長壽，達到無疾而終。

第一節 太極拳與芭蕾舞

太極拳被人們譽為「東方芭蕾」，與西方芭蕾舞媲美，花開兩朵，譽滿全球。它以優美的肢體語言，模擬吉祥的動物形象，傳神取韻，立象盡意。其動如雲，靜如岳，起如飛，落如雁，立如鬆，轉如輪，引起人們強烈的共鳴和豐富的聯想，以一種心曠神怡的心靈感受，引發人們對運動健身的一種美好嚮往，受到世界人民的

關注。

芭蕾舞充分體現著西方文化那種張揚、直率、剛強的理念。跳芭蕾舞，要求在熱烈的氣氛中，展現「繃、直、開」這些舞蹈元素。演員們在跳舞的時候，超乎常規地繃直足背，踮起足尖，使整個身體拔高 15～20 公分，何其高也！舞步用足尖走路，在 2 秒鐘時間裏可蹬動 4 步，多麼地快呀！演員挺胸展肢，繃腿跨步，一跳三尺高，這力度又是多麼的剛強！

相比之下，「東方芭蕾」──太極拳則又是另一種風格特點。

太極拳演練時，首先必須保持一個安靜而溫馨的場所，襯托著東方文化那種含蓄、委婉、柔和的理念。演練太極拳時，心身放鬆，思想入靜，腳走弧線，手出蛇龍，動作緩慢，既柔又圓。行拳起勢，兩腿屈膝微蹲，身體下沉，使原本的身軀高度降低約 30 公分，何其矮也；平常人走路，約 1 秒鐘跨出一步，而練太極拳動步，需要 8 秒鐘邁出一步，夠慢的了。在行拳走架的時候，彎腿圓手，動作螺旋，前進後退，轉換折疊，似春風楊柳，如行雲流水，何其柔哉！

由於東、西方文化的差異，觀念形態的不同，太極拳與芭蕾舞表現的方式各具特色。從淺層次上看，它們的動是相反的，是背道而馳的。中國有句古語云：「反者，道之動。」這也是一種自然規律的「動」。

千萬不能忘記，太極拳「練慢得快」，是練觸覺功夫，以提高心身的靈敏度；「練曲得直」，是練肢體放長的彈性運動；「練柔得剛」，柔行氣，剛落點，是練「綿裏藏針」的功夫。

太極拳運動的目的，同樣是崇尚「更快」「更高」「更強」，只是它的行為是東方式的。

東方和西方地域雖不同，但各族人民都生存在同一個地球上，許多問題都是相通的。中國有著五千年文明史，那古老的優秀傳統文化中，蘊藏著許多東方式的奧妙與神奇，雖然道路有別，但殊途同歸。太極拳與芭蕾舞都是屬於民族的，也都是屬於世界的。

第二節　太極拳與太極圖

太極陰陽學說，是中國古代的一種哲學思想，它是研究宇宙間一切事物變化和發展規律的一種方法。

陰陽思想認為，世界上任何事物都包含著對立統一。對立是指兩種事物或者兩種因素，它們是一正一反互相對立的，但是，又統一在一起，對立雙方又向對方轉化。陰陽思想顯然具有樸素的唯物主義內容和辯證法思想。

「太極圖」就是這個哲學模式的形象表現，把陰陽對立統一的思想表現得簡潔明白。

太極圖

（1）太極圖中的黑白，代表陰和陽，代表事物都有兩面性。

（2）黑白中間用一條包波線而不是直線分開，是說明事物的兩面性不是截然分開的，而是可以互相轉化的。

（3）對立雙方始終處於「陰消陽長」或「陽消陰長」的不停的運動變化之中。

（4）這條曲線把一個圓形分為兩條魚形，生動地表現兩種因素的運動變化。而且，正是在「陽」的一方發展到最為壯大之際，開始了「陰」的生成；正是「陰」的一方發展到最為壯大之際，開始了「陽」的復生。這種辯證的運動變化，是一切事物的普遍屬性。

（5）太極圖中的黑白「雙魚」，黑魚有個「白」

眼，白魚有個「黑」眼，這說明陰中始終含著陽，陽中始終含著陰。這是陰陽各向對方轉化的內在根據。

（6）太極圖告訴我們，任何事物內部雖然都包含著對立因素的統一，即「陰陽相磨」「陰陽相爭」「陰陽相和」「陰陽相合」，但最終還是能夠達到整體平衡。

宋朝大哲學家張載說得好：「有象斯有對，對必反其為；有反似有仇，仇必和而解。」

太極拳運動是以太極圖的陰陽對立統一為基本指導思想，運動中充滿著正反兩方面的矛盾。如練架子中的進與退、虛與實、快與慢、上與下、左與右、前與後、曲與直；練氣功中的吸與呼、升與降、曲與伸、起與落、開與合、動與靜；練內勁中的蓄與發、圓與方、鬆與緊、輕與重、剛與柔，以及螺旋纏絲中的順與逆等等，本著陰陽轉化、盈虛消長的原理進行運動。各個動作陰升陽降，動靜結合，虛實轉換，開合相寓，鬆緊交替。它們彼此互相矛盾而又互相聯繫，相互制約而又相互轉化。這種陰陽對立統一的辯證關係，始終貫穿於太極拳運動之中。

太極思維指導著太極拳運動的發展，太極拳運動又充分演繹著太極思維的豐富內涵。它既是一種技術，又是一種藝術。

第三節 太極拳與地球人

人類生活在這個地球上，從古至今，跟著太陽和月亮走過了無數個春夏秋冬，日出而作，日落而息，從生到死，從壯到衰，每個人都得踏上這條不歸之路，一代一代地往下走。

從現代生命科學研究的成果看，不論是以細胞分裂代數推算人的生命壽限，還是以類比各種動物的生長期，推算各種動物的預期壽命，這兩種方法推算出的人的自然壽命，均可達到120～150歲。可是，從世界各地調查統計數據看，最長壽的國家日本，人均壽命也只達到81.9歲。這不能不引起人們深思。

人類最珍貴的是生命，生命中最寶貴的是健康長壽。「健康長壽」成為人類發展的一個永恆話題。

傳說古代有一位帝王，長年點天燈，玉盆接甘露，飲天上水祈求長命百壽；秦始皇派500名金童玉女，東渡蓬萊仙島，尋找長生不老之藥。三國時期，醫聖華佗創「五禽戲」，傳學生吳普，吳享年百歲；隋唐時期，藥王孫思邈創「六字訣」，高壽達101歲。在古老的中華傳統文化中，孕育了許多強身健體、延年益壽的功法。太極拳，就是先人傳給我們的一份寶貴遺產。

太極拳運動緊貼著「天人合一，和諧發展」的宗

旨，開闢了一條健康長壽的通道，將生命掌握在自己手裏。它利用自身固有的器官、津液和四肢百骸，進行「性命雙修，內外兼煉」，順著自然規律，挖掘人的潛能，提高人的生命力，實踐理想的生命極限。

（1）順著地球的地心引力，規定練拳者屈膝蹲步，身體下沉，立身中正，頭正頸直，會陰穴與地面形成一條垂直線，使身體重力降到最低程度。「邁步如貓行，運勁如抽絲」，在悠悠不斷的慢動作中，把人體組織中的精微物質轉化為「力能」「熱能」，源源不斷給人體輸送生命能。其動作慢，強度小，鍛鍊時間長，參加運動的肌肉群大大增多，形成了「增能多於耗能」，不但可以充分地補充歲月耗損的生命能，還能夠不斷開發和儲存新的生命潛能。

（2）按照人的形體結構的特點 ——身圓、體圓、骨圓、關節圓，練拳者必須弧線走步，圓形作勢，前進後退，左旋右轉，螺旋纏絲，連綿不斷，從而拉長肌肉韌帶，增強彈性和耐力，疏通關節脈絡，改善微循環系統功能，給抗衰防老提供器質性的保證。這種特殊的圓弧運動，是歷史賜給人類的一種特殊禮物。只有人類才能得到這種特殊的享受。

（3）抓住人體健康的主要矛盾，突出「煉意」。人以腦髓為中心的神經系統是主宰全身活動的組織者和指揮者。在太極拳運動過程中，從始至終以意識指揮動

作，增強神經系統的活動功能。它不是單純的意念冥想，而是形成一種神經——信息——軀體的高度統一，達到心理和生理上的高度平衡。

「煉意」是「內煉」。「內煉」是以氣功為手段，在體鬆心靜的前提下，透過意識調整呼吸，透過意識定向調攝形體機能，做到「先意動，後形動」「以意行氣，以氣運身」，使呼吸運動與肢體運動同步協調，形成「煉意、煉氣、煉身」三者配合，熔「內煉精、氣、神，外煉筋、骨、皮」於一爐，凸顯天和、地和、人和的高度統一，這就是太極拳運動與地球人的完美結合，使生活在地球上的人們獲得健康幸福的一生。

第二章　規矩篇

太極拳內涵豐富，理法縝密，一動無有不動，一靜無有不靜，動則有規，靜則有矩。根據「心身雙修，內外兼練」的要求，練拳者必須學規矩，明規矩，守規矩，以保證太極拳應有的風格和特點能夠代代相傳，使優秀的傳統太極拳真正惠及人民，傳播世界。

第一節　內規矩

內規矩有鬆、靜、慢、柔、圓五種心法。

一、鬆

鬆如棉。強調鬆展、鬆沉、鬆靜。

鬆展是身體肌肉、韌帶、關節、臟腑、血管、呼吸全部放鬆展開；鬆沉是身體重心下沉，呼吸下沉丹田；鬆靜是思想情緒放鬆，排除外界一切干擾，集中注意力練拳。只有放鬆了的體態姿勢，才是一種能夠持久的姿勢；放鬆了的呼吸，才能使呼吸順暢，氣血流注興旺。放鬆是練拳的第一步。

二、靜

靜如山岳，強調思想入靜。

以全身放鬆為前提，排除一切雜念，思維活動幾乎停止，大腦處於一種寂靜的清醒狀態，集中思想，專心致志指揮動作運行，在一種安靜閒逸的意境中進行練拳。

三、慢

慢如抽絲。強調節奏緩慢。

慢動作、慢呼吸、慢運轉、慢起落。只有慢才能身心放鬆，意不外馳，呼吸深長，進退穩健。各種動作均以慢練來完成。

四、柔

柔如水。強調用意不用力。

在慢動作的基礎上，由鬆派生出柔，在無重力或微重力的運轉中，盡可能減少慣性作用。動作輕柔，呼吸慢勻，身軀各部位順遂，將「柔」灌注於太極拳動、靜之中。以柔為手段，達到「練柔得剛」的目的。

五、圓

圓如月。強調無凸凹處，無斷續處。

圓是自然界最美的運動體。圓的運動是最平衡、對

稱的。當一個物體結構出現圓的形狀時，這個物體的生命就處於非常穩定的狀態。

人的各個關節都是圓形結構。像圓形鉸鏈一樣，保證了身體的靈活性和可塑性。太極拳運動都是以圓弧動作和螺旋式曲線所組成，所以，全身各關節和經絡都能得到多方位的鍛鍊和發展。

鬆、靜、慢、柔、圓是練拳者心靈深處的一種意識規範，它們相互依存、相互滲透而融為一體。不鬆則難以靜，不靜則難以慢，不慢則難以柔，不柔則難以圓，這就是太極拳運動獨具特色的內在心規，最後才能達到「心與意合，意與氣合，氣與勁合」內三合的高度。

練意訣：

> 體鬆心靜萬念除，
> 聚精會神警覺靈；
> 掤捋擠按採挒靠，
> 虛實變化意中尋。

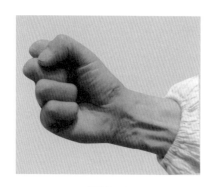

圖2-1

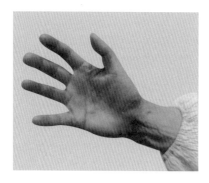

圖2-2

圖2-3

第二節　外規矩

外規矩有手、眼、身、步、法五種規範。

一、手　型

1. 太極拳

四指併攏捲握，拇指輕靠食指和中指第二節，拳心空，直腕。（圖2-1）

2. 太極掌

五指微開，微彎曲，成瓢形。（圖2-2）

3.太極勾手

五指尖靠攏，拇指尖與中指、食指相對，勾腕。（圖2-3）

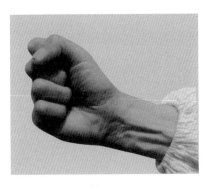

圖2-4

二、拳　法

1. 衝　拳

拳從心窩部向前衝出，拳面向前，拳眼朝上。（圖2-4）

2. 栽　拳

拳從耳邊向前方栽下，拳面朝下，拳眼朝前，拇指壓在食指第一節，成錐型。（圖2-5）

圖2-5

3. 擺　拳

拳眼向下，拳心朝外，從外向內橫衝。（圖2-6）

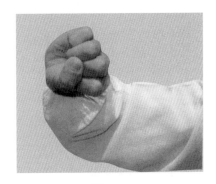

圖2-6

圖2-7

圖2-8

圖2-9

4. 展 拳

拳從心窩部向外弧線展出，拳心朝上，高與鼻平。（圖2-7）

三、掌 法

1. 立 掌

手指朝上，腕關節微挺。（圖2-8）

2. 插 掌

掌從耳邊向前方插下，拇指朝前，四指向下。（圖2-9）

3. 仰 掌

手心朝上。（圖2-10）

4. 俯 掌

手心朝下。（圖2-11）

圖2-10

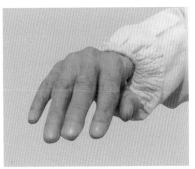

圖2-11

5. 直 掌

手心朝下，五指向前伸出。（圖2-12）

6. 擠 掌

一手小指朝下，掌背向前擠出，另一手掌靠近前手掌助擠。（圖2-13）

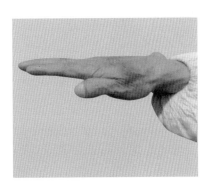

圖2-12

7. 反 掌

手掌橫架於頭前，拇指朝下，手心朝外。（圖2-14）

圖2-13

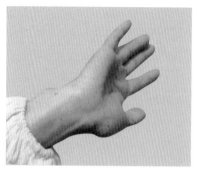

圖 2-14

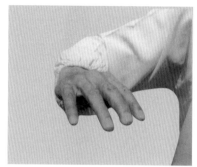

圖 2-15

圖 2-16

8. 攔 掌

手掌橫於胸前，手心朝下。（圖 2-15）

9. 推 掌

手指朝上，手心朝前，從心窩部向前推出。（圖 2-16）

10. 按 掌

手掌心從胸前向下、向上按出，成弧線止於與鼻同高處。（圖 2-17）

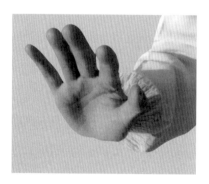

圖 2-17

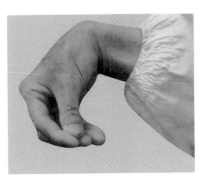

圖2-18

圖2-19

四、勾 手

1. 勾 頂

勾背向上或橫向撞擊。
（圖2-18）

2. 勾 掛

勾指向內或向外撥掛。
（圖2-19）

五、步 型

圖2-20

1. 丁 步

一腿屈膝站立支撐身體重心，另一腳腳尖點地，成
丁字步（圖2-20）。右腳尖點地稱右丁步，左腳尖點地

圖2-21

圖2-22

稱左丁步。

2. 虛 步

兩腳前後站立，後腿屈膝支撐身體重心，前腳腳尖點地，或腳跟點地，均稱虛步（圖2-21）。左腳尖點地稱左虛步，右腳尖點地稱右虛步。

3. 馬 步

兩腳平行分立，與肩同寬，屈膝半蹲，腳尖對向前方，膝尖對腳尖，身體重心落於兩腿之間。（圖2-22）

圖2-23　　　　　　　　圖2-24

4. 丁八步

兩腳前後開立，前腳尖與人體正面同方向，後腳尖與人體正面成45°。兩腳站立既像「丁」字，又像「八」字（圖2-23）。右腳在前稱右丁八步，左腳在前稱左丁八步。

5. 弓步

兩腳前後開立，前腿屈膝成弓形，膝尖對腳尖，後腿微彎，身姿成「乃」字形。身體重心落於前腳，胸腹朝前（圖2-24）。左腳在前稱左弓步，右腳在前稱右弓步。

圖2-25

圖2-26

6. 側弓步

兩腳平行分立，一腿屈膝成弓步，身體重心落於弓腿上，微轉腰，胸腹與兩腳同向（圖2-25）。右腿屈膝弓腿稱右側弓步，左腿屈膝弓腿稱左側弓步。

7. 獨立步

一腿站立支撐身體，另一腿屈膝提起，膝與胯平，腳尖自然朝下（圖2-26）。右腿支撐身體稱右獨立步，左腿支撐身體稱左獨立步。

圖2-27　　　　　　　　圖2-28

8. 蓋 步

一腿屈膝站立，另一腿提腿從體前蓋過，兩腿交叉，身體重心前移至蓋腿上（圖2-27）。右腿蓋過稱右蓋步，左腿蓋過稱左蓋步。

9. 仆 步

兩腳併立，一腿屈膝下蹲，支撐身體重心，膝尖對腳尖，另一腿側向伸直下仆，腳尖內扣，上身正直扭向仆腿（圖2-28）。左腿下仆稱左仆步，右腿下仆稱右仆步。

圖2-29

圖2-30

10. 碾步（微調步）

兩腳分開站立，身體欲向左轉，先將右腳尖翹起向左扣45°；腳跟碾地，身體順勢左轉45°；接著，左腳尖碾地，腳跟提起內扣45°，成左丁八步（圖2-29、圖2-30）。身體右轉，稱右碾步。

六、步　法

1. 進步

後腳向前邁出一步，腳跟先著地，然後腳心、腳趾依次著地踏實。

2. 退 步

前腳後退一步，腳尖先著地，然後腳心、腳跟依次著地踏實。

3. 跟 步

後腳向前進半步，與前腳靠攏站實。左腳向前半步稱左跟步，右腳向前半步稱右跟步。

4. 撤 步

兩腳平行，一腳往後退半步。左腳往後退半步，稱左撤步。右腳往後退半步，稱右撤步。

5. 橫開步

一腳往側向橫開一步或半步。動左腳稱左橫開步，動右腳稱右橫開步。

6. 弧 步

一腿站穩支撐身體重心，另一腿提起，塌下足尖，靠近另一腿腳踝弧線向前踏出，成「ㄑ」形。退步時亦如此。

七、身 型

（1）頭：頭正。

（2）頸：頸直。

（3）鼻：鼻對臍。

（4）肩：沉肩。

（5）肘：垂肘。

（6）胸：寬胸。

（7）腋：虛腋。

（8）腹：收腹。

（9）臀：斂臀。

（10）膝：膝微屈。

（11）胯：鬆胯。

（12）眼：眼平視。

八、身 法

（1）身兼五弓：兩腳自然微彎，兩手自然微彎，身軀自然微彎。

（2）頭正頸直，下頜微收，鼻尖對臍，意在提頂（頂頭懸）。

（3）沉肩垂肘，寬胸虛腋，收腹斂臀，意守一條線。「百會穴」❶對「會陰穴」❷形成一條垂直線。

（4）口微閉，舌抵上齶，心平氣和，意在心靜。

（5）身軀中正安舒，情緒自然安泰，進入忘我之境。

九、眼　法

1. 平　視

行拳時，手的動作在胸與鼻之間範圍外，眼睛向前方平視。

2. 環　視

行拳時，手運作在胸與鼻範圍之內，眼隨手轉。

3. 定　視

定式時，手的高度在胸與鼻之間範圍內，眼睛定視指尖或拳頭。

---

❶「百會穴」：由兩耳尖上溯到頭頂交匯處。

❷「會陰穴」：位於肛門與陰部之間。

第三章　套路篇

　　套路篇介紹的重點是圓架子。圓架子是太極拳全部功夫的基礎，是太極拳一切內涵的載體。沒有正確的拳架動作和厚實的拳架基礎，就無法表現它的美、趣、情，顯現不出它的風格和特點。「拳打萬遍，情理自現」，是先輩們在鍛鍊實踐中的總結。「由著熟而漸悟懂勁，由懂勁而階及神明」，一步一步攀登，努力夯實基礎，必將達到身心雙健、防身禦侮的目的。

　　練拳架，首先要學好手型、手法，步型、步法，身型、身法及眼法。記住各式名稱，實踐各個動作，按照圖像做出各種架勢。特別要練好「反式」架勢的動作，一招一式，動作到位，出手投足，合乎規格。演練時，必須做到「手與足合，肩與胯合，肘與膝合」，符合外三合的要求。

　　「普及太極拳」的圓架子是在一個圓圈內完成的。這個圓圈的面積以「六個自然步」為直徑，在這個圓面上，連綿不斷地進行套路演練。面南起勢和收勢，均落在同一個位置上。

　　若連續演練，不必收勢，可在「收勢」前的「左攬

圖3-1-1

雀尾掤式」接上「右攬雀尾擠式」後再練，周而復始，連貫自如。

第一節　三十七個標準定式

1. 太極起勢

兩腳平行站立，腳尖向前；兩掌垂於腿側，小指對褲縫；四肢自然微彎，頭正頸直，沉肩垂肘，寬胸虛腋，收腹斂臀，下頜微收，眼睛平視，口微閉，舌抵上齶；心平氣和，全身放鬆，排除雜念，思想集中。（圖3-1-1）

圖3-1-2　　　　　　　　圖3-1-3

2. 攔雀尾右掤

右腳向前進步，成右弓步；右掌向身前掤出，拇指朝上與鼻平，左掌往後斜按（圖3-1-2）。

反之，稱左掤。

3. 攔雀尾右捋

左腳在前，右腳在後，成丁八步；左手俯掌，右手仰掌，往右捋至右腰前；向右轉體，重心移於右腿上（圖3-1-3）。

反之，稱左捋。

圖3-1-4　　　　　　　　圖3-1-5

4. 攔雀尾左擠

左腳在前，右腳在後，成左弓步；左掌背擠，右掌心推，如抱球狀從心窩部向前擠出，高與胸平；身體重心移至腿上（圖3-1-4）。

反之，稱右擠。

5. 攔雀尾左按

左腳在前，右腳在後，成丁八步；兩手胸前抱圓，變俯掌向下、向前弧線按出，高與肩平；身體重心移至左足，成左弓步（圖3-1-5）。

反之，稱右按。

圖3-1-6　　　　　　　　圖3-1-7

6. 左單鞭

左腳上前成左弓步；左掌經鼻前掠過推出，指尖與鼻尖、足尖三尖相對，眼視指尖；同時，右手成勾手往後拉開，成勾掛手（圖3-1-6）。

反之，稱右單鞭。

7. 右提手上勢

右腳向前，左腳在後，身體重心移至右腿，變右勾手向上勾頂，勾指與額平；左腳跟步，變左虛步；左俯掌向下按壓至腹前（圖3-1-7）。

反之，稱左提手上勢。

圖3-1-8 　　　　　　圖3-1-9

8. 左白鶴亮翅

左腿半蹲，身體重心移坐左腳上，成右虛步；兩手從兩側翻掌向上反抱圓，高與頭平（圖3-1-8）。

右腳支撐身體重心，稱右白鶴亮翅。

9. 左摟膝拗步

左腳向前進步，成左弓步；左手俯掌從右邊摟過左膝，右手從心窩部向前推掌，指尖與鼻尖相對（圖3-1-9）。

反之，稱右摟膝拗步。

圖 3-1-10   圖 3-1-11

10. 左手揮琵琶

右腳支撐身體重心，成左虛步，腳跟點地；左手立掌於胸前，高與鼻平，右手立掌於腹前（圖 3-1-10）。

反之，稱右手揮琵琶。

11. 左搬攔捶

右腳上前進步，成右弓步；右手握拳靠於右腰間，拳心朝上。左手俯掌斜向外劈出；接著左腳上前進步，成左弓步；左手攔掌於胸前，右拳穿過左掌心衝出（圖 3-1-11）。

反之，稱右搬攔捶。

圖3-1-12　　　　　　圖3-1-13

12. 右雲手

（設右丁步左抱圓站立）右腳橫開一步，向右轉
體，重心移至右腳；同時，左掌由上向下呈舀水狀經過
腹前至右腰間，右掌由下向上呈舀水狀經過胸前至右肩
前，兩手掌上下相對，形成一個右抱圓（圖3-1-12）。

反之，稱左雲手。

13. 左十字手

左腳在前，右腳在後支撐身體重心，成左虛步，腳
尖點地；兩手腕交叉於身前，左掌在前，右掌在後，指
尖與鼻平（圖3-1-13）。

反之，稱右十字手。

圖3-1-14　　　　　　圖3-1-15

14. 左如封似閉

左腳上前，右腳在後；兩手胸前立掌，手心相對，向前推出，指尖與肩平；身體重心漸移至左腳，成左弓步（圖3-1-14）。

反之，稱右如封似閉。

15. 右擺蓮腿

（設左腳支撐體重，左抱圓，成右虛步）以左腳跟為軸，右腿抬起與腰平，向右側旋轉180°；同時，兩手擺平隨腿側轉，掌心向下；轉後站立，成右虛步（圖3-1-15）。

反之，稱左擺蓮腿。

圖3-1-16　　　　　　　圖3-1-17

16. 左雙峰貫耳

左腳在前，右腳在後，成左弓步；兩手握拳，從心窩部向外翻拳畫圓至胸前，兩拳相靠，拳眼朝內，高與鼻平（圖3-1-16）。

反之，稱右雙峰貫耳。

17. 左抱虎歸山

身體重心後坐於右腳上，成左虛步；兩手腹前抱圓；左腳尖內扣135°；兩手胸前反抱圓；碾步，右轉體180°，身體重心移坐於左腳上，成右虛步（圖3-1-17）。

反之，稱右抱虎歸山。

圖3-1-18　　　　　　　　圖3-1-19

18. 左倒攆猴

（設右虛步站立，左抱圓）右腳後退一步；右手仰掌收至腰間，左手向前推掌，指尖上對鼻尖，下對足尖，成三尖相對；身體重心後坐於右腳上，成左虛步（圖3-1-18）。

反之，稱右倒攆猴。

19. 右斜飛勢

（設右丁步站立，左抱圓）右腳橫開一步，成右側弓步；右手仰掌向右往上掤出，高與耳平，左手俯掌往左邊下按；頭向左轉，眼視左前方（圖3-1-19）。

反之，稱左斜飛勢。

圖3-1-20

圖3-1-21

20. 右海底針

（設右腳站立，腹部抱圓）右腳屈膝對腳尖，左腳虛步，腳跟點地；左掌橫於腹前，右掌向右後方畫弧從耳邊插下，手指與腹平（圖3-1-20）。

反之，稱左海底針。

21. 左扇通背

左弓步站立，胸前反抱圓；左手向前推掌，指尖對鼻尖，下對腳尖，右手反掌從頭前後拉至耳旁（圖3-1-21）。

反之，稱右扇通背。

圖3-1-22　　　　　　圖3-1-23

22. 右白蛇吐信

（設右虛步站立，腹部抱圓）右手握拳藏於左手心；右腳向前進步，成右弓步；右拳以拋物線向前展出，拳心朝上，高與鼻平，左掌向下按至腰旁（圖3-1-22）。

反之，稱左白蛇吐信。

23. 右高探馬

兩腳開立成馬步；右手直掌從心窩處向前伸出，左手仰掌收至腰旁；眼平視（圖3-1-23）。

反之，稱左高探馬。

圖3-1-24   圖3-1-25

24. 左進步栽捶

左腳向前進步，成左弓步；左手俯掌從右繞左膝而過，右手握拳，從耳邊向前栽下至膝前，拳面朝下，拳眼朝前；眼平視（圖3-1-24）。

反之，稱右進步栽捶。

25. 右打虎

右腳在前，左腳在後，成右弓步，身體重心坐於右腳上；兩手握拳，左手擺拳橫於右腰前，右手擺拳從右側畫弧橫於額前，拳心朝外（圖3-1-25）。

反之，稱左打虎。

圖3-1-26　　　　　　圖3-1-27

26. 左玉女穿梭

左腳在前，右腳在後，成左弓步；兩掌胸前反抱圓，左手反掌橫於額前，右掌從心窩部向前推出，指尖與鼻尖、足尖三尖相對（圖3-1-26）。

反之，稱右玉女穿梭。

27. 右下勢單鞭

左腳屈膝下蹲，膝尖對腳尖。右腿向右側仆步；右掌沿右腿伸出，身正斂臀，眼視右手，左手勾掛於後（圖3-1-27）。

反之，稱左下勢單鞭。

圖3-1-28　　　　　　圖3-1-29

28. 左上步七星

右腳支撐身體重心，左腳虛步，腳跟點地；兩手握拳交叉於身前，左拳在前，右拳靠後，拳與鼻尖相對（圖3-1-28）。

反之，稱右上步七星。

29. 右金雞獨立

右腿微彎站立，左腿提起，高與胯平，腳尖自然朝下；右手俯掌按於右腿側，左手立掌於身前，指尖對鼻尖，肘尖對膝尖（圖3-1-29）。

反之，稱左金雞獨立。

圖3-1-30

圖3-1-31

30. 右野馬分鬃

右腳向前進步，成右弓步；右手仰掌從左腋下向右側畫弧，引體旋腰，掌與鼻平，眼視右掌（圖3-1-30）。

反之，稱左野馬分鬃。

31. 右肘底看捶

左腿屈膝支撐身體重心，成右虛步，右腳跟點地；右手立掌於身前，手心對鼻，眼視手心，左手握拳藏於右肘底，拳背靠右肘（圖3-1-31）。

反之，稱左肘底看捶。

圖 3-1-32　　　　　　　　　圖 3-1-33

32. 左獨立七星

左腿微屈支撐身體重心，右腿提膝與胯平，成左獨立步；兩手握拳交叉於左耳旁，右拳在前，左拳靠後；眼視右前方（圖 3-1-32）。

反之，稱右獨立七星。

33. 右蹬足

左腿微屈支撐身體重心；兩掌左右分開，高與耳平，手心朝前；右腳提起向右前方蹬出，高與腰平，意點在腳跟（圖 3-1-33）。

反之，稱左蹬足。

圖 3-1-34　　　　　　　圖 3-1-35

34. 右退步抱虎

右腳退後一步；兩手從身體兩側畫弧抱圓至胸前；身體重心後坐於右腳上，成左虛步（圖 3-1-34）。

反之，稱左退步抱虎。

35. 右斜單鞭

右腳向前進步，成右弓步；右手向身前推掌，指尖與鼻尖、腳尖三尖相對，左勾手向左側勾掛，高與肩平（圖 3-1-35）。

反之，稱左斜單鞭。

圖3-1-36

圖3-1-37

36. 右踢腿轉身

左腳站立，右腳提腿向前踢出，腳尖朝上，高與腰平。右腳後撤落地，身體重心後坐於右腿上，在左尖內扣135°，碾步，右轉體180°，身體重心回坐於左腳上，成右虛步（圖3-1-36）。反之，稱左踢腿轉身。

37. 收勢還原

左弓步站立。右腳橫開一步，左腳後撤一步成馬步；兩手交叉成十字手於胸前；身體徐徐升起，兩手徐徐下落兩側；左腳後撤一步，右腳後撤一步，併步。靜默，三次深呼吸，從功能態緩緩轉入常人態。（圖3-1-37）

圖3-2-1

第二節 過渡動作抱圓圈

圓是最美麗的圖像。圓的壓力最小,張力最大,可塑性最強。兩千多年以前《鬼谷子·反應篇》告訴我們:「未見形,圓以導之;既見形,方以事之;進退左右,以是司之。」

用抱圓動作代替「套路鏈」,把兩個式子之間的過渡動作濃縮為一個抱圓,既簡約又有效。

1. 左抱圓

左手俯掌於左肩前,右手仰掌於左腰前,兩手心上下相對,成抱圓球狀。(圖3-2-1)

圖3-2-2　　　　　　　　圖3-2-3

2. 右抱圓

右手俯掌於右肩前，左手仰掌於右腰前，兩手心上下相對，成抱圓球狀。（圖3-2-2）

3. 胸前抱圓

左右兩手掌心相對，距離與胸部同寬，兩手中指相對，成抱球狀。（圖3-2-3）

4. 腹前抱圓

左右兩手掌心相對，距離與腹部同寬，兩手中指相對，成抱球狀。（圖3-2-4）

圖3-2-4

圖3-2-5

5. 胸腹前反抱圓

左右兩手掌心朝外，在胸前或腹前反抱成圓圈，兩手中指遙相對應。（圖3-2-5）

6. 頭前反抱圓

左右兩手掌心朝上，在頭前反抱成圓圈，兩手中指遙相對應。（圖3-2-6）

圖3-2-6

第三節　圓架子

第一層面

一、套路方向路線示意圖

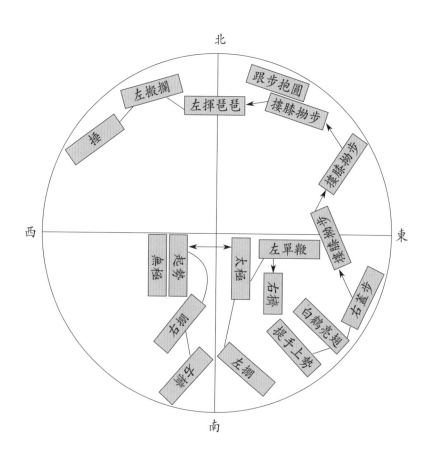

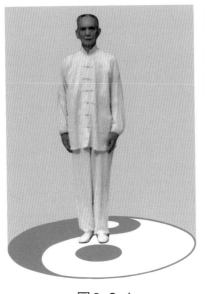 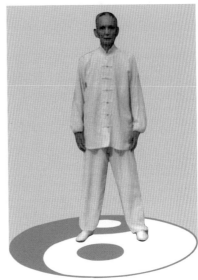

圖3-3-1　　　　　　　　　圖3-3-2

二、動作圖解

1. 無極樁

兩腳併立；兩手掌垂直，小指對褲縫；寬胸虛腋，沉肩垂肘，頭正頸直，眼睛平視。（圖3-3-1）

2. 太極起勢

（1）身體自然直立，全身放鬆，左腳橫開步，與肩同寬。（圖3-3-2）

圖3-3-3

圖3-3-4

（2）步不動，腳尖對前方；兩手腹前抱圓，徐徐平舉與肩平。（圖3-3-3）

（3）身體下蹲，成馬步，膝尖對腳尖；兩手俯掌下按至腰前。（圖3-3-4）

3. 左抱圓

重心左移，坐落於左腳，右腳尖點地，成右丁步；左抱圓。（圖3-3-5）

圖3-3-5

圖3-3-6　　　　　　　　　圖3-3-7

4. 攬雀尾右掤

右腳向前進步，成右弓步；右掌向身前掤出，高與鼻平，左掌往後下按至胯後。（圖3-3-6）

5. 右抱圓

身體重心前移，坐於右腳，收左腳，腳尖點地成左丁步；右抱圓。（圖3-3-7）

6. 攬雀尾左掤

左腳向前進步，成左弓步；左掌向身前掤出，高與

圖3-3-8　　　　　　　圖3-3-9

鼻平，右掌往後下按至胯後。（圖3-3-8）

7. 左抱圓

身體重心前移，坐於左腳，收右腳，腳尖點地成右丁步；左抱圓。（圖3-3-9）

8. 攬雀尾右擠

身體重心移坐於右腳，右腳向前進步，成右弓步；右手橫掌，左手推掌向前擠出，高與胸平。（圖3-3-10）

圖3-3-10

圖3-3-11

9. 胸前抱圓

身體重心後移至左腳，步不動，右腳跟點地，成右虛步；胸前抱圓。（圖3-3-11）

10. 攬雀尾右按

身體重心前移，成右弓步；雙手從胸前按出，以弧線從下按向上，至高與肩平。（圖3-3-12）

圖3-3-12

圖3-3-13

圖3-3-14

11. 左抱圓

身體重心移至左腳，右腳碾步，腳尖內扣45°；左抱圓。（圖3-3-13）

12. 攬雀尾右将

右腳後退，身體重心後移至右腳，成左虛步；左俯掌、右仰掌，雙手向右方将至腰前。（圖3-3-14）

13. 右抱圓

身體微右轉，步不動；右抱圓。（圖3-3-15）

圖3-3-15　　　　　　　圖3-3-16

14. 攬雀尾左擠

身體微向左轉，重心前移，成左弓步；左手橫掌，右手推掌，向前擠出，高與胸平。（圖3-3-16）

15. 胸前抱圓

身體重心後移至右腳，步不動，成左虛步；胸前抱圓。（圖3-3-17）

圖3-3-17

圖3-3-18

圖3-3-19

16. 攬雀尾左按

身體重心前移，成左弓步；雙掌從胸前按出，以弧線從下按向上，至高與肩平。（圖3-3-18）

17. 右抱圓

身體重心移至右腳，左腳碾步，腳尖內扣45°；右抱圓。（圖3-3-19）

圖3-3-20　　　　　　　　圖3-3-21

18. 攬雀尾左将

左腳後退，身體重心後移至左腳，成右虛步；左手仰掌，右手俯掌，向左将至腰前。（圖3-3-20）

19. 右抱圓

身體重心向前移至右腳，左腳跟步，腳尖點地，成左丁步；右抱圓。（圖3-3-21）

圖3-3-22　　　　　　　　圖3-3-23

20. 左單鞭

身體左轉，左腳向東方進步，成左弓步；左掌掠過臉部向東方推掌，右掌變勾手向後伸直。（圖3-3-22）

21. 左抱圓

身體微左轉，重心移至左腳，右腳跟步，成右虛步；左抱圓。（圖3-3-23）

圖 3-3-24　　　　　圖 3-3-25

22. 攬雀尾右擠

右腳向前進步，成右弓步；右手擠掌，左手推掌，向胸前擠出，高與胸平。（圖3-3-24）

23. 右提手上勢

身體重心前移至右腳，左腳跟步，成左虛步；右掌變勾手提至額前，勾指對額，左掌下按至腹前。（圖3-3-25）

圖3-3-26   圖3-3-27

24. 馬步抱圓

左腳橫開步，成馬步；兩掌在腹前抱圓。（圖3-3-26）

25. 左白鶴亮翅

身體重心移至左腳，右腳尖點地，成右虛步；兩手翻掌，從身外反抱圓至頭前。（圖3-3-27）

26. 右蓋步抱圓

身體重心移至左腳，右腳提起蓋過左腳，成右蓋步；右抱圓。（圖3-3-28）

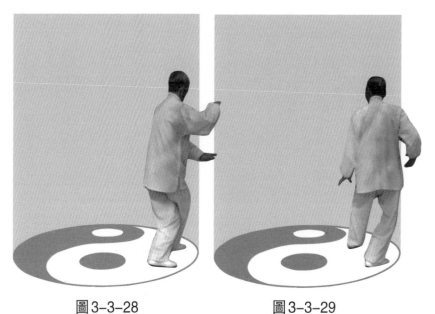

圖3-3-28 　　　　　　　圖3-3-29

27. 右抱圓

身體重心移至右腳，右
腳站立，成左丁步；右抱
圓。（圖3-3-29）

28. 左摟膝拗步

左腳向前進步，身體重
心移至左腳，成左弓步；
左掌摟左膝而過，右手從
心窩部向前推掌，高與鼻
平。（圖3-3-30）

圖3-3-30

圖3-3-31　　　　　　　　圖3-3-32

29. 左抱圓

身體重心移至左腳，右腳跟著上步，成右丁步；左抱圓。（圖3-3-31）

30. 右摟膝拗步

身體重心移至右腳，右腳向前進步，成右弓步；右掌摟右膝而過，左手從心窩部向前推掌，高與鼻平。（圖3-3-32）

圖3-3-33   圖3-3-34

31. 右抱圓

身體重心移至右腳，左腳上步，成左丁步；右抱圓。
（圖3-3-33）

32. 左摟膝拗步

左腳向前進步，身體重心移至左腳，成左弓步；左
手摟右膝而過，右手從心窩部向前推掌，高與鼻平。
（圖3-3-34）

圖3-3-35　　　　　　圖3-3-36

33. 腹前抱圓

身體重心移至左腳，右腳上步，與左腳靠攏站實；雙手腹前抱圓。（圖3-3-35）

34. 左手揮琵琶

身體重心移至右腳，左腳成虛步，腳跟點地；左手立掌於胸前，指尖對鼻尖，右手立掌於腹前。（圖3-3-36）

圖 3-3-37

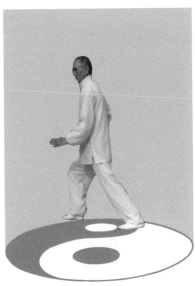

圖 3-3-38

35. 腹前抱圓

身體重心移至左腳，成左弓步；腹前抱圓。（圖 3-3-37）

36. 左搬攔捶

（1）右腳進步，身體重心移至右腳，成右弓步；右手變拳仰靠於腰前，左手變掌向左下劈。（圖 3-3-38）

圖3-3-39   圖3-3-40

　　（2）身體重心仍坐於右腳，左腳上步，成左虛步；左掌橫於胸前，右拳仍靠右腰前。（圖3-3-39）

　　（3）左腳向前進步，成左弓步，身體重心移坐於左腳；右拳從心窩部經左掌下衝出。（圖3-3-40）

圓架子訣：

定步、定式、走弧線，

過渡動作抱圓圈；

一吸一呼一起落，

連綿不斷圓套圓。

第二層面

一、套路方向路線示意圖

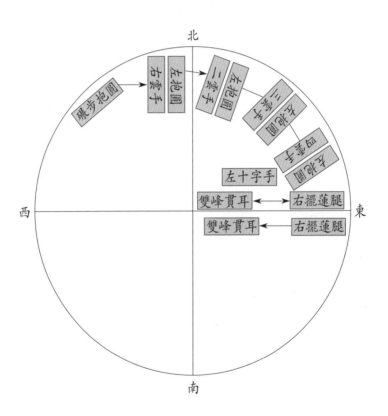

圖3-3-41　　　　　　　　圖3-3-42

二、動作圖解

37. 左抱圓

接前式。身體右轉，重心後坐於右腳，左腳碾步，腳尖內扣90°，身體回坐於左腳上；左抱圓。（圖3-3-41）

38. 右雲手（一）

身體重心移至左腳，右腳向右橫開一步，成右側弓步；右掌從胸前舀水狀畫弧上行至右肩前，左掌從左肩

圖3-3-43   圖3-3-44

外舀水狀畫弧下行至右胯前，成右抱圓。（圖3-3-42）

39. 左抱圓

左腳跟步，靠攏右腳站實，成右丁步，身體重心回坐至左腳；左掌從胸前舀水狀畫弧上行至左肩前，右掌從右肩外舀水狀畫弧下行至左胯前，成左抱圓。（圖3-3-43）

40. 右雲手（二）

同動作38。（圖3-3-44）

圖3-3-45

圖3-3-46

41. 左抱圓

同動作39。（圖3-3-45）

42. 右雲手（三）

同動作38。（圖3-3-46）

43. 左抱圓

同動作39。（圖3-3-47）

圖3-3-47

圖3-3-48　　　　　　　圖3-3-49

44. 右雲手（四）

同動作38。（圖3-3-48）

45. 左抱圓

同動作39。（圖3-3-49）

46. 胸前抱圓

右腳後撤步，蹲步站實，身體重心後坐於右腳；腹前抱圓。（圖3-3-50）

圖3-3-50

圖3-3-51　　　　　圖3-3-52

47. 左十字手

身體重心仍坐於右腳，左腳腳跟抬起，成左虛步；兩手掌在胸前交叉成十字手，左掌在前，右掌在後。（圖3-3-51）

48. 左如封似閉

左腳向前進步，成左弓步，身體重心移至左腳；兩手立掌相對，向胸前推出。（圖3-3-52）

圖3-3-53　　　　　圖3-3-54

49. 左抱圓

右腳上步，成右虛步，身體重心仍坐於左腳；左抱圓。（圖3-3-53）

50. 右擺蓮腿

以左腳跟為圓心，右腳提起向身後擺腿，轉身180°；雙掌在胸前平擺。（圖3-3-54）

圖3-3-55

圖3-3-56

51. 腹前抱圓

旋轉180°後，右腳落地，成右虛步，身體重心坐於左腳；雙手腹前抱圓。（圖3-3-55）

52. 右雙峰貫耳

右腳向前進步，成右弓步，身體重心移至右腳；雙手握拳往身前反抱圓，兩拳在胸前相對，高與鼻平。（圖3-3-56）

圖3-3-57 　　　　圖3-3-58

53. 腹前抱圓

步不動，身體重心後坐於左腳；腹前抱圓。（圖3-3-57）

54. 左抱虎歸山

身體左轉180°右腳碾步，腳尖內扣135°；兩掌在胸前反抱圓。（圖3-3-58）

圖3-3-59　　　　　　圖3-3-60

55. 右十字手

身體重心仍坐於左腳，右腳向前進步，成右虛步；兩手掌在胸前交叉，成右十字手，右掌在前，左掌在後。（圖3-3-59）

56. 右如封似閉

右腳向前進步，成右弓步，身體重心移至右腳；兩手立掌相對，向胸前推出。（圖3-3-60）

圖3-3-61　　　　　　　圖3-3-62

57. 右抱圓

　　身體重心仍坐於右腳，左腳上步，成左虛步；右抱圓。（圖3-3-61）

58. 左擺蓮腿

　　以右腳跟為圓心，左腳提起向身後擺腿，身體左轉180°；兩手掌在胸前平擺。（圖3-3-62）

59. 腹前抱圓

　　轉體180°後，左腳落地，成左虛步，身體重心仍坐

圖3-3-63

圖3-3-64

於右腳；雙手腹前抱圓。（圖3-3-63）

60. 左雙峰貫耳

左腳向前進步，成左弓步，身體重心移至左腳；雙手握拳往身前反抱圓，兩拳在胸前相對，高與鼻平。（圖3-3-64）

61. 腹前抱圓

步不動，身體重心後坐於右腳；腹前抱圓。（圖3-3-65）

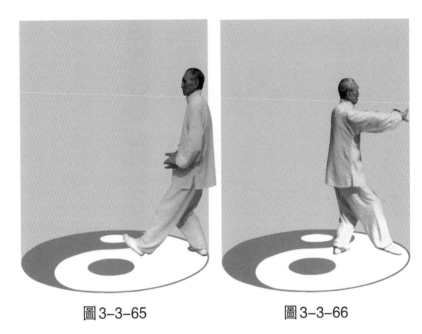

圖3-3-65　　　　　　圖3-3-66

62. 右抱虎歸山

身體右轉180°（左腳碾步，左腳內扣135°）；兩掌在胸前反抱圓。（圖3-3-66）

手法訣：

仰掌送陽出，俯掌收陰回；
陰陽消長轉，折疊自然成。

第三層面

一、套路方向路線示意圖

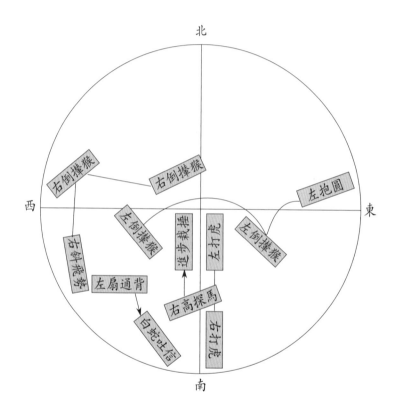

 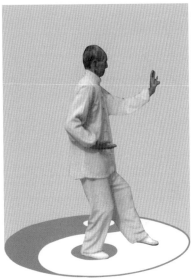

圖3-3-67　　　　　　　　　　圖3-3-68

二、動作圖解

63. 左抱圓

步不動，成右虛步，身體重心仍坐於左腳；左抱圓。
（圖3-3-67）

64. 左倒攆猴（一）

右腳後退一步，成左虛步，身體重心後移至右腳；左手從心窩部向前推掌，指尖對鼻尖，右手仰掌往後拉至腰部。（圖3-3-68）

圖3-3-69　　　　　　　　圖3-3-70

65. 右抱圓

步不動，身體重心仍坐於右腳；右抱圓。（圖3-3-69）

66. 右倒攆猴（二）

左腳向後退步，成右虛步，身體重心移至左腳；右掌從心窩部向前推掌，指尖對鼻尖，左手仰掌往後拉至腰部。（圖3-3-70）

圖 3-3-71　　　　　　圖 3-3-72

67. 左抱圓

同動作63。（圖3-3-71）

68. 左倒攆猴（三）

同動作64。（圖3-3-72）

69. 右抱圓

同動作65。（圖3-3-73）

圖 3-3-73

圖3-3-74　　　　　　　　圖3-3-75

70. 右倒攆猴

同動作66。（圖3-3-74）

71. 左抱圓

步不動，成右虛步，身體重心仍坐於左腳；左抱圓。
（圖3-3-75）

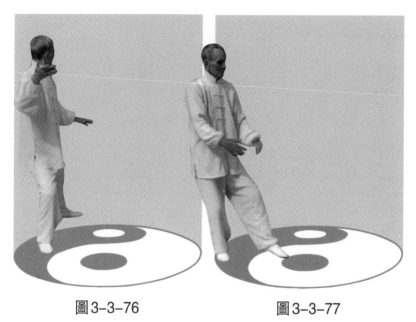

圖3-3-76　　　　　圖3-3-77

72. 右斜飛勢

右腳橫開步，成右側弓步，身體重心移至右腳；左掌向左側斜按，右掌向右側掤出，高與耳平；頭左轉，眼視左前方。（圖3-3-76）

73. 腹前抱圓

左腳上步，腳尖點地成左虛步，身體重心移至右腳；腹前抱圓。（圖3-3-77）

圖3-3-78　　　　　　　圖3-3-79

74. 右海底針

身體重心仍坐於右腳，左腳腳跟點地成左虛步；左掌橫於腹前，右掌往外畫弧向上，經耳邊向下插掌至腹前，與腳尖相對。（圖3-3-78）

75. 胸前抱圓

左腳站立，右腳後撤，成左弓步，身體重心前移至左腳；胸前抱圓。（圖3-3-79）

圖3-3-80

圖3-3-81

76. 左扇通背

步不動；雙掌在胸前反抱圓，左手向前推掌，三尖相對，右手反掌後拉橫於耳邊。（圖3-3-80）

77. 腹前抱圓

右腳上步，成右虛步，身體重心仍坐於左腳；腹前抱圓。（圖3-3-81）

圖3-3-82　　　　　　　圖3-3-83

78. 右白蛇吐信

右腳向前進步，成右弓步，身體重心移至右腳；右手握拳從左掌心弧線展出，拳心與鼻平，左掌按於腰前。（圖3-3-82）

79. 腹前抱圓

身體重心後移至左腳，步不動，右腳腳尖翹起；腹前抱圓。（圖3-3-83）

圖3-3-84　　　　　　圖3-3-85

80. 右高探馬

身體左轉45°，重心落於兩腳上，右腳碾步，腳尖內扣45°，成馬步；右手俯掌從心窩部向前平插，左手仰掌後縮至腰前。（圖3-3-84）

81. 腹前抱圓

收左腳，成左虛步，身體重心移至右腳，向左轉體45°；腹前抱圓。（圖3-3-85）

圖3-3-86　　　　　　圖3-3-87

82. 左進步栽捶

左腳向前進步，成左弓步，身體重心前移至左腳；左掌摟左膝下按，右掌變拳，從右側畫弧向上，從耳邊向前栽下，止於膝前；眼視前方。（圖3-3-86）

83. 腹前抱拳

身體右轉，重心後移至右腳，左腳碾步，腳尖內扣135°；兩手握拳，腹前抱圓。（圖3-3-87）

 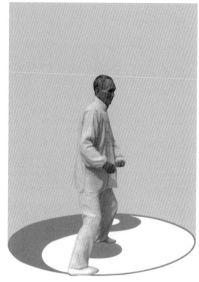

圖3-3-88　　　　　　　　　圖3-3-89

84. 右打虎

身體右轉，右腳向前進步，成右弓步；右拳向右側畫弧向上橫至額前，拳心朝外，左拳橫靠於右腰前，拳心朝下。（圖3-3-88）

85. 腹前抱拳

身體左轉，重心後移至左腳，右腳碾步，腳尖內扣135°；兩手握拳，腹前抱圓。（圖3-3-89）

圖3-3-90

86. 左打虎

身體左轉，左腳向前進步，成左弓步；左拳向左側畫弧向上橫至額前，拳心朝外，右拳橫靠於左腰前，拳心朝下。（圖3-3-90）

步法訣：

一腳站穩一腳進（退），

腳尖靠近穩腳行；

進退弧線走得準，

前後左右轉換靈。

第四層面

一、套路方向路線示意圖

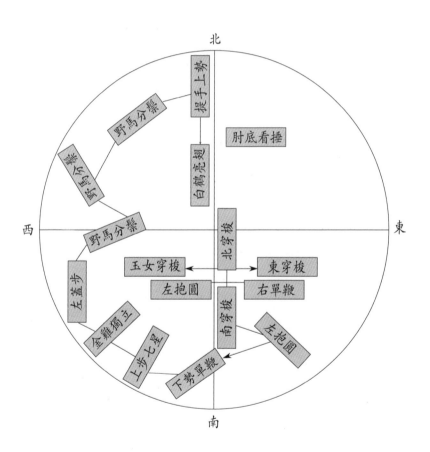

　　　圖3-3-91

　　圖3-3-92

二、動作圖解

87. 左抱圓

　　左腳橫開一步，成右虛步，身體重心後坐於左腳；左抱圓。（圖3-3-91）

88. 右單鞭

　　右腳向東方進步，成右弓步，身體重心移至右腳；左手變勾手往後拉，右掌經過臉部向前推掌。（圖3-3-92）

圖 3-3-93　　　　　　圖 3-3-94

89. 胸前抱圓

左腳站立，右腳尖翹起，身體重心後移至左腳；胸前抱圓。（圖3-3-93）

90. 胸前反抱圓

身體左轉，右腳碾步，腳尖內扣135°，重心回坐於右腳，成左虛步；雙手反抱圓（面背）。（圖3-3-94）

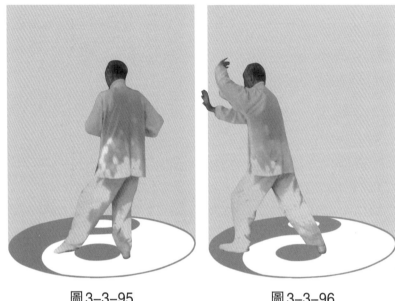

圖3-3-95　　　　　　　圖3-3-96

91. 胸前抱圓

身體重心仍在右腳，左腳尖點地，身體微左轉，由反抱圓變順抱圓。（圖3-3-95）

92. 左玉女穿梭

左腳向前進步，成左弓步；左掌反掌於額前，右掌從心窩部向前推出，指尖對鼻尖（面西）。（圖3-3-96）

圖3-3-97　　　　　圖3-3-98

93. 胸前抱圓

右腳站立，左腳尖翹起，身體重心後坐於右腳；胸前抱圓。（圖3-3-97）

94. 胸前反抱圓

身體右轉，左腳碾步，腳尖內扣135°，身體重心回坐左腳，成右虛步；雙手反抱圓（面北）。（圖3-3-98）

圖3-3-99　　　　　　　圖3-3-100

95. 胸前抱圓

身體站立，右腳尖點地，身體微右轉，由反抱圓變順抱圓。（圖3-3-99）

96. 右玉女穿梭

右腳向前進步，成右弓步；右手反掌於額前，左掌從心窩部向前推出，指尖對鼻尖（面東）。（圖3-3-100）

圖3-3-101   圖3-3-102

97. 胸前抱圓

身體站立，右腳尖翹起，重心後坐於左腳；胸前抱圓。（圖3-3-101）

98. 胸前反抱圓

身體左轉，右腳碾步，腳尖內轉180°，重心回坐於右腳，成左虛步；雙手反抱圓（面西）。（圖3-3- 102）

圖3-3-103　　　　　　　圖3-3-104

99. 胸前抱圓

身體站立，左腳尖點地，身體微左轉，由反抱圓變順抱圓。（圖3-3-103）

100. 左玉女穿梭

左腳向南方進步，成左弓步；左手反掌於額前，右掌從心窩部向前推出，指尖對鼻尖（面南）。（圖3-3-104）

圖 3-3-105　　　　　　圖 3-3-106

101. 胸前抱圓

身體站立，左腳尖翹起，重心後坐於右腳；胸前抱圓。（圖 3-3-105）

102. 胸前反抱圓

身體右轉，左腳碾步，腳尖內扣 135°，成右虛步，重心坐於左腳；雙手反抱圓（面西）。（圖 3-3-106）

圖 3-3-107　　　　　　　圖 3-3-108

103. 胸前抱圓

身體站立，右腳尖點地，身體微右轉，由反抱圓變順抱圓。（圖 3-3-107）

104. 右玉女穿梭

右腳向前進步，成右弓步；右手反掌橫於額前，左掌從心窩部向前推出，指尖對鼻尖（面北）。（圖 3-3-108）

圖3-3-109　　　　　　圖3-3-110

105. 胸前抱圓

身體站立，右腳尖翹起，重心後坐在左腳；胸前抱圓。（圖3-3-109）

106. 胸前反抱圓

身體左轉，右腳碾步，腳尖內轉180°，重心回坐於右腳，成左虛步；雙手反抱圓（面南）。（圖3-3-110）

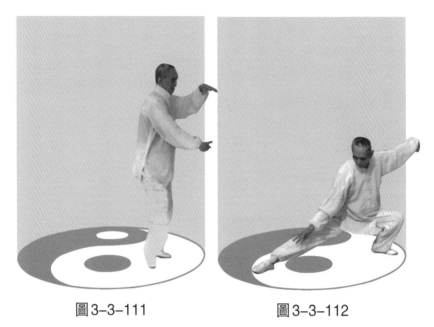

圖3-3-111　　　　　　　圖3-3-112

107. 左抱圓

左腳橫開一步，成右丁步，身體重心坐於左腳；左抱圓。（圖3-3-111）

108. 右下勢單鞭

身體下蹲，重心仍在左腳，膝尖對腳尖，右腳向右側伸出，成右仆步；左手變勾手往後拉，右掌沿右腳內側向前抄上。（圖3-3-112）

圖3-3-113　　　　　　圖3-3-114

109. 胸前抱圓

身體向上升起，重心移坐於右腳，左腳隨身體前移進步；胸前抱圓。（圖3-3-113）

110. 左上步七星

身體重心仍在右腳，左腳進步，成左虛步，腳跟點地；雙手變拳交叉於胸前，左拳在前，右拳在後，高與鼻平。（圖3-3-114）

圖3-3-115　　　　　圖3-3-116

111. 腹前抱圓

身體重心前移至左腳，成右丁步；腹前抱圓（圖3-3-115）

112. 左金雞獨立

身體重心獨立於左腳，右腿提膝高與胯平，成左獨立步；右手立掌於胸前，指尖對鼻尖，肘尖對膝尖，左掌下按於胯下。（圖3-3-116）

圖3-3-117　　　　圖3-3-118

113. 馬步抱圓

右腳橫開一步，成馬步；雙手腹前抱圓。（圖3-3-117）

114. 右金雞獨立

身體重心獨立於右腳，左腿提膝高與胯平，成右獨立步；左手立掌於胸前，指尖對鼻尖，肘尖對膝尖，右掌下按於胯下。（圖3-3-118）

圖3-3-119

圖3-3-120

115. 左蓋步抱圓

身體重心仍在右腳，左腳提起向前蓋過右腳，成左蓋步；左抱圓。（圖3-3-119）

116. 右野馬分鬃（一）

身體重心移至左腳，右腳向前進步，成右弓步；右掌從左腋下畫弧向右掤出（轉腰），高與眼平，左掌往後斜按。（圖3-3-120）

圖3-3-121　　　　　　　　圖3-3-122

117. 右抱圓

身體重心移至右腳，左腳跟步，成左丁步；右抱圓。（圖3-3-121）

118. 左野馬分鬃（二）

左腳向前進步，成左弓步，身體微左轉，重心移至左腳；左掌從右腋下畫弧向左掤出（轉腰），高與眼平，右掌往後斜按。（圖3-3-122）

圖3-3-123　　　　　　圖3-3-124

119. 左抱圓

身體重心仍在左腳，右腳上步，成右丁步；左抱圓。
（圖3-3-123）

120. 右野馬分鬃（三）

身體重心仍在左腳，右腳向前進步，成右弓步；右
掌從左腋下畫弧向右掤出（轉腰），高與眼平，左掌往
後斜按。（圖3-3-124）

| 圖3-3-125 | 圖3-3-126 |

121. 右抱圓

身體重心移至右腳，左腳上步，成左虛步；右抱圓。
（圖3-3-125）

122. 攬雀尾左擠

左腳向前進步，成左弓步，身體重心移至左腳；左
手擠掌，右手推掌，從心窩部向前擠出，高與胸平。
（圖3-3-126）

123. 左提手上勢

身體重心仍在左腳，右腳上步，成右虛步；左掌變

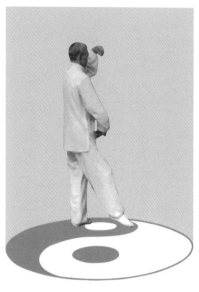 

圖3-3-127　　　　　　　圖3-3-128

勾手，上提至額前，勾指對額，右掌下按至腹前。（圖
3-3-127）

124. 馬步抱圓

右腳向後橫開一步，成馬步；腹前抱圓。（圖3-3-
128）

125. 右白鶴亮翅

身體重心移至右腳，左腳尖點地，成左虛步；兩手
掌從身外反抱圓至頭前。（圖3-3-129）

圖3-3-129　　　　　　圖3-3-130

126. 左肘底看捶

身體重心仍在右腳，左腳跟點地，成左虛步；左手立掌於胸前，掌心對鼻尖，右手變拳，橫於左肘底，拳背貼肘尖。（圖3-3-130）

身法訣：

立身中正眼平視，
寬胸虛腋頂頭懸；
沉肩垂肘丹田氣，
身兼五弓處處圓。

第五層面

一、套路方向路線示意圖

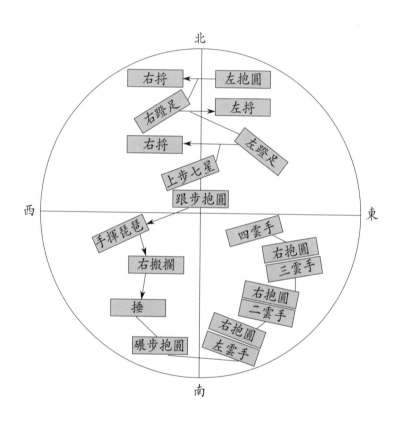

圖3-3-131　　　　　　　　圖3-3-132

二、動作圖解

127. 左抱圓

左腳向前移半步，成左弓步，身體重心移至左腳；左抱圓。（圖3-3-131）

128. 攬雀尾右将

身體右轉面南，重心移至右腳，左腳碾步，腳尖內扣45°，成右側弓步；右手仰掌，左手俯掌，向右将至右腰前。（圖3-3-132）

圖3-3-133　　　　　　圖3-3-134

129. 左獨立七星

身體右轉，右腳收回，成左獨立步，重心移至左腳；雙手握拳，交叉於左耳前，右拳在前，左拳在後。（圖3-3-133）

130. 右蹬足

提右腳，向西南方蹬出，高與腰平；兩手變掌，分立兩側，高與耳平。（圖3-3-134）

圖3-3-135　　　　　　圖3-3-136

131. 右抱圓

右腳橫落於右側，成右弓步，身體重心移至右腳；右抱圓。（圖3-3-135）

132. 攬雀尾左捋

身體左轉，重心移至左腳，右腳碾步，腳尖內扣45°，成左側弓步；左手仰掌，右手俯掌，向左捋至左腰前。（圖3-3-136）

圖3-3-137　　　　　　圖3-3-138

133. 右獨立七星

身體左轉，重心移至右腳，左腳收回，成右獨立步；雙手握拳，交叉於右耳前，左拳在前，右拳在後。（圖3-3-137）

134. 左蹬足

提左腳，向東南方蹬出，高與腰平；兩手變掌，分立兩側，高與耳平。（圖3-3-138）

圖 3-3-139　　　　　　　圖 3-3-140

135. 左抱圓

左腳橫落左側，成左弓步，身體重心落於左腳；左抱圓。（圖 3-3-139）

136. 攬雀尾右捋

身體右轉，重心移至右腳，左腳碾步，腳尖內扣45°，成右側弓步；右手仰掌，左手俯掌，捋向右腰前。（圖 3-3-140）

圖3-3-141　　　　　　　　圖3-3-142

137. 腹前抱圓

身體右轉，重心移至左腳，右腳收回，腳尖點地，成右虛步；雙手腹前抱圓。（圖3-3-141）

138. 右上步七星

身體重心仍在左腳，右腳成腳跟點地；雙手變拳交叉於胸前，右拳在前，左拳在後，高與鼻平。（圖3-3-142）

139. 腹前抱圓

身體重心移至右腳，左腳跟步，與右腳靠攏站實；

圖3-3-143　　　　　　　　　圖3-3-144

腹前抱圓。（圖3-3-143）

140. 右手揮琵琶

　　身體重心移至左腳，右腳腳跟點地，成右虛步。右手立掌於胸前，指尖對鼻尖，左手立掌於腹前。（圖3-3-144）

141. 腹前抱圓

　　身體重心移至右腳，成右弓步；腹前抱圓。（圖3-3-145）

普及太極拳

圖3-3-145　　　　　　　圖3-3-146

142. 右搬攔捶（搬）

左腳向前進步，成左弓步，重心前移至左腳；左手變拳仰靠腰前，右手變掌斜向右側下劈。（圖3-3- 146）

143. 右搬攔捶（攔）

身體重心仍在左腳，右腳上步，成右虛步；右掌橫於胸前，左拳仍靠左腰。（圖3-3-147）

144. 右搬攔捶（捶）

右腳向前進步，成右弓步，身體重心移至右腳；左

圖3-3-147　　　　　　圖3-3-148

拳從心窩部經右掌下衝出。（圖3-3-148）

145. 右抱圓

　身體左轉，重心後坐於左腳，右腳碾步，腳尖內扣90°，重心又回坐於右腳；右抱圓。（圖3-3-149）

圖3-3-149

圖3-3-150

圖3-3-151

146. 左雲手（一）

左腳向左橫開一步，成左側弓步，身體重心移至左腳；左掌從胸前舀水狀畫弧上行至左肩前，右掌從右肩外舀水狀畫弧下行至左腰前，成左抱圓。（圖3-3-150）

147. 右抱圓

右腳移步，靠攏左腳站實，成左丁步，身體重心回坐於右腳；右掌從胸前舀水狀畫弧上行至右肩前，左掌從左肩外舀水狀畫弧下行至右腰前，成右抱圓。（圖3-3-151）

圖 3-3-152

圖 3-3-153

148. 左雲手（二）

同動作 146。（圖 3-3-152）

149. 右抱圓

同動作 147。（圖 3-3-153）

150. 左雲手（三）

同動作 146。（圖 3-3-154）

圖 3-3-154

圖 3-3-155

圖 3-3-156

151. 右抱圓

同動作 147。（圖 3-3-155）

152. 左雲手（四）

同動作 146。（圖 3-3-156）

眼法訣：

目光隨手轉，高低餘光跟；

神視凌空點，垂簾寒光收。

第六層面

一、套路方向路線示意圖

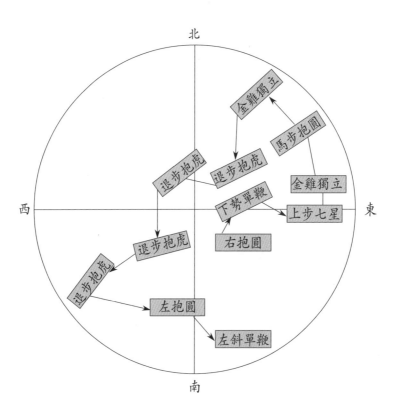

圖3-3-157　　　　　　圖3-3-158

二、動作圖解

153. 右抱圓

同動作2「右抱圓」。（圖3-3-157）

154. 左下勢單鞭

身體下蹲，重心在右腳，膝尖對腳尖，左腳向左側伸出，成左仆步；右手成勾手往後拉，左掌沿左腳內側向前上抄。（圖3-3-158）

圖3-3-159　　　　　　　圖3-3-160

155. 向前抱圓

身體向上升起，重心移至左腳，右腳隨身體前移進步；雙手抱圓。（圖3-3-159）

156. 右上步七星

身體重心仍在左腳，右腳進步，腳跟點地，成右虛步；雙手變拳交叉於胸前，高與鼻平。（圖3-3-160）

157. 腹前抱圓

身體重心移至右腳，左腳尖點地，成左丁步；腹前

圖3-3-161   圖3-3-162

抱圓。（圖3-3-161）

158. 右金雞獨立

身體重心仍在右腳，左腿提膝，高與胯平，成右獨立步；左手立掌於胸前，指尖對鼻尖，肘尖對膝尖，右掌下按於胯前。（圖3-3-162）

159. 馬步抱圓

左腳橫開一步，成馬步；雙手腹前抱圓。（圖3-3-163）

圖3-3-163　　　　　　　圖3-3-164

160. 左金雞獨立

身體重心在左腳，右腿提膝，高與胯平，成左獨立步；右手立掌於胸前，指尖對鼻尖，肘尖對膝尖，左掌下按於胯下。（圖3-3-164）

161. 胸前抱圓

右腳往後退步；雙手胸前抱圓。（圖3-3-165）

162. 右退步抱虎（一）

身體重心後坐於右腳，右腳坐實，成左虛步；兩手

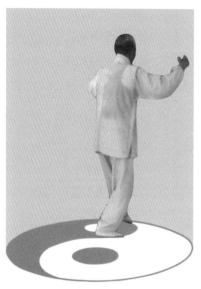

圖 3-3-165   圖 3-3-166

向外扇開，抱圓至腹前。
（圖 3-3-166）

163. 胸前抱圓

左腳往後退步；雙手胸
前抱圓。（圖 3-3-167）

164. 左退步抱虎（二）

身體重心移至左腳，左
腳坐實，成右虛步；兩手向
外扇開，抱圓至腹前。（圖

圖 3-3-167

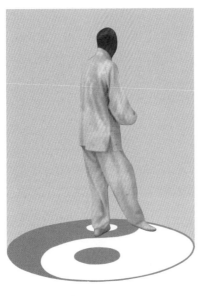

圖3-3-168

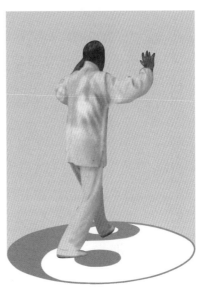

圖3-3-169

3-3-168）

165. 胸前抱圓

同動作 161。（圖 3-3-169）

166. 右退步抱虎（三）

同動作 162。（圖 3-3-170）

圖3-3-170

圖3-3-171   圖3-3-172

167. 胸前抱圓

同動作163。（圖3-3-171）

168. 左退步抱虎（四）

同動作164。（圖3-3-172）

169. 左抱圓

身體微右轉，重心仍在左腳，成右虛步；左抱圓。
（圖3-3-173）

圖3-3-173　　　　　　圖3-3-174

170. 左斜單鞭

右腳向東方進步，成右弓步，身體重心前移至右腳；左手變勾手向左邊伸出，高與肩平，右掌從心窩部向前推出，指尖與鼻尖相對。（圖3-3-174）

定式訣：

拳（掌）從心窩出，出手三尖對；

凡是樁馬步，屈膝對足尖。

第七層面

一、套路方向路線示意圖

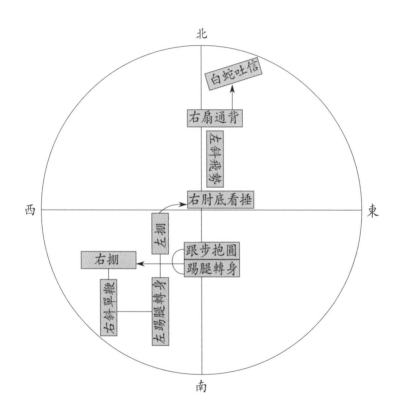

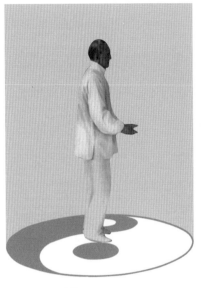 

圖3-3-175　　　　　　　圖3-3-176

二、動作圖解

171. 腹前抱圓

左腳跟步，站實，成右丁步，身體重心落於左腳；
兩手腹前抱圓。（圖3-3-175）

172. 右踢腿轉身

身體重心仍在左腳，右腳向前踢腿，高與腰平，落
腳於身後；兩手平面伸出。（圖3-3-176）

圖3-3-177   圖3-3-178

173. 右轉身

身體重心落於右腳，右轉體90°，左腳碾步，腳尖內扣135°，身體重心後移至左腳，成右虛步；兩手捋轉，抱圓。（圖3-3-177）

174. 攬雀尾右掤

身體再右轉90°（共180°），右腳向前進步，成右弓步，身體重心移坐於右腳；右手向前掤出。（圖3-3-178）

圖3-3-179　　　　　　圖3-3-180

175. 右抱圓

身體微左轉，重心仍在右腳，右腳站立，左腳上步，成左虛步；右抱圓。（圖3-3-179）

176. 左斜單鞭

左腳向前進步，成左弓步，身體重心移至左腳；右手變勾手向右側伸出，高與肩平，左掌向前推掌，指尖與鼻尖相對。（圖3-3-180）

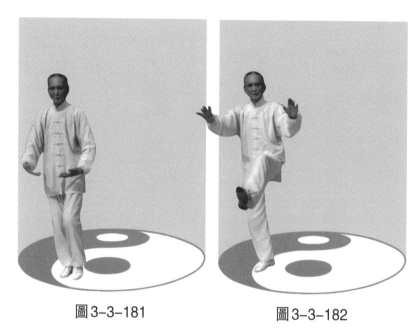

圖3-3-181　　　　　　圖3-3-182

177. 腹前抱圓

右腳向前跟步，站實，成左虛步，身體重心移至右腳；腹前抱圓。（圖3-3-181）

178. 左踢腿轉身

身體重心仍在右腳，左腳向前踢腿，高與腰平，落腳於身後；兩手平面伸出。（圖3-3-182）

圖3-3-183　　　　　　　　圖3-3-184

179. 左轉身

身體重心落在左腳，左轉體90°，右腳碾步，腳尖內扣135°，身體重心後移至左腳，成右虛步；兩手抟轉左抱圓。（圖3-3-183）

180. 攬雀尾左掤

身體左轉90°，左腳向前進步，成左弓步，身體重心在左腳；左手向前掤出。（圖3-3-184）

圖3-3-185　　　　　　　圖3-3-186

181. 腹前抱圓

身體重心仍在左腳，右腳上步，成右虛步；腹前抱圓。（圖3-3-185）

182. 右肘底看捶

左腳不動，右腳腳跟點地，成右虛步；右手立掌於胸前，掌心對鼻尖，左手變拳，橫於右肘底，拳背貼肘尖。（圖3-3-186）

 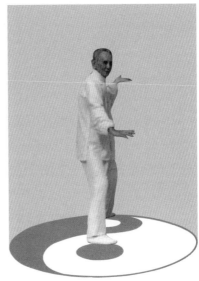

圖 3-3-187　　　　　圖 3-3-188

183. 右抱圓

身體重心移至右腳，右腳站實，左腳上步，成左虛步；右抱圓。（圖 3-3-187）

184. 左斜飛勢

左腳向北橫開步，成左側弓步，身體重心移至左腳；頭右轉，眼視右前方；右掌向右側斜按，左掌向左側掤出，高與耳平。（圖 3-3-188）

圖3-3-189　　　　　　　圖3-3-190

185. 腹前抱圓

身體重心仍在左腳，右腳收回，成右虛步；腹前抱圓。（圖3-3-189）

186. 左海底針

身體重心仍在左腳，右腳腳跟點地，成右虛步；右掌橫於腹前，左手向左側畫弧上行，經耳邊向下插掌至腹前，與腳尖相對。（圖3-3-190）

187. 胸前抱圓

右腳站立，左腳後撤，成右弓步，身體重心移至右

圖3-3-191　　　　　　圖3-3-192

腳；胸前抱圓。（圖3-3-191）

188. 右扇通背

雙手胸前反抱圓，右掌向前推掌，左手反掌後拉，橫於耳邊。（圖3-3-192）

189. 腹前抱圓

上左腳，成左虛步，身體重心在右腳；腹前抱圓（右手心包左拳）。（圖3-3-193）

190. 左白蛇吐信

左腳向前進步，成左弓步；左拳從心窩部弧線展

圖3-3-193

圖3-3-194

出，拳心朝上，高與鼻平，右掌下按於腰前。（圖3-3-194）

走架訣：

> 百會、會陰上下牽，
> 兩會連根垂直線；
> 站如松，坐如鐘，
> 左旋右轉不偏離。

第八層面

一、套路方向路線示意圖

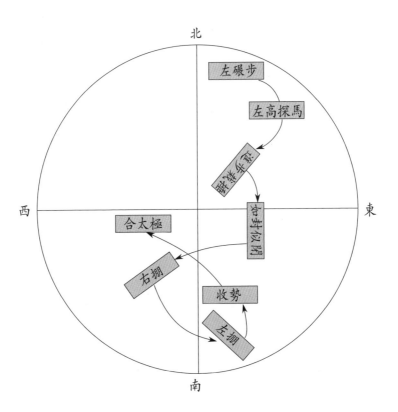

圖 3-3-195

圖 3-3-196

二、動作圖解

191. 腹前抱圓

步不動，左腳跟點地，身體重心後坐於右腳；兩手腹前抱圓。（圖 3-3-195）

192. 左高探馬

身體右轉45°，左腳碾步，腳尖內扣45°成馬步，身體重心落在兩腳上；右手仰掌後縮至腰前，左手俯掌從心窩部向前平插。（圖 3-3-196）

圖3-3-197　　　　　　　　圖3-3-198

193. 腹前抱圓

身體右轉，重心坐於左腳，右腳收回，成右虛步；腹前抱圓。（圖3-3-197）

194. 右進步栽捶

右腳向前成右弓步，身體重心移至右腳；右掌摟右膝按下，左手變拳向身左後畫弧上行，從左耳邊向前栽下，止於膝前。（圖3-3-198）

圖3-3-199　　　　　　圖3-3-200

195. 左抱圓

身體後移，重心坐於左腳，步不動，右腳尖上翹；左抱圓。（圖3-3-199）

196. 右單鞭

身體前移，重心移於右腳成右弓步，手成右單鞭式。（圖3-3-200）

圖3-3-201　　　　　　　圖3-3-202

197. 上步十字手

身體前移，重心仍在右腳，左腳上步，成左虛步；雙手胸前交叉成十字手。（圖3-3-201）

198. 左如封似閉

身體前移，左腳向前進步，成左弓步，重心移至左腳；兩手立掌於胸前，掌心相對，向前推出。（圖3-3-202）

圖 3-3-203　　　　　　　圖 3-3-204

199. 左抱圓

身體前移，重心仍在左腳，右腳上步，成右虛步；左抱圓。（圖 3-3-203）

200. 攬雀尾右掤

右腳向前進步，成右弓步，身體重心前移至右腳；手成右掤式。（圖 3-3-204）

圖3-3-205　　　　　　圖3-3-206

201. 右抱圓

身體重心仍在右腳，左腳上步，成左虛步；右抱圓。（圖3-3-205）

202. 攬雀尾左掤

左腳向前進步，成左弓步，身體前移，重心移至左腳；手成左掤式。（圖3-3-206）

圖3-3-207　　　　　　　圖3-3-208

203. 收勢抱圓

身體後移，右腳橫開一步，站穩，重心坐於右腳；
兩手腹前抱圓。（圖3-3-207）

204. 十字手

左腳後撤一步，成馬步；雙手交叉在胸前成十字
手。（圖3-3-208）

圖3-3-209　　　　　　　　圖3-3-210

205. 收勢還原

步不動；十字手引領身體徐徐上升。（圖3-3-209）

步不動；兩手變俯掌在胸前徐徐下按。（圖3-3-210）

圖3-3-211　　　　　　　圖3-3-212

　　左腳後撤步，站穩；兩手下落於兩腿側，手小指靠中縫。（圖3-3-211）

　　右腳撤步，併腳；兩手停於兩腿側。（圖3-3-212）

虛實訣：

　　虛後必實實變虛，

　　實後必虛虛變實；

　　虛實轉換重心移，

　　隨遇平衡虛實明。

第四章　內功篇

　　內功，是著重身體內部臟腑機能的鍛鍊，充實人體內在的精、氣、神。太極拳本是「外動內靜」「動靜相兼」的運動。在形體運動的同時，運用意念引導動作，達到內外結合運動的目的。

　　內功的核心就是中國的「氣功」。氣功中的「炁」，寓有物質，蘊有能量，載有信息，是維持生命活動的一種生命能。太極拳的內功鍛鍊是從氣功開始的。太極拳練架子是外動，是消耗能量的運動，練氣功是內動，是儲備能量的運動，是有益於人類的有氧代謝運動。

　　練氣功是調整人的呼吸，改變人的神經系統活動。用人工訓練的方法，讓中樞神經出現一種新的活動形式，在不受外界干擾的情況下，接受一種特殊的心理訓練，使思維活動保持一種心理平衡。

　　調整呼吸是加速、加深大腦皮質的入靜，同時利用呼吸對意象某些部位進行強化刺激，產生一種氣體運行的感覺。這種氣體運行到達人體各個部位，能產生一種積極的良性效應。

一吸一呼，氣功稱做「一息」，又叫「調息」。調息分外呼吸和內呼吸兩種：

外呼吸——是指肺臟內部所進行的外界空氣與血液的氣體交換過程，是肺呼吸，叫「胸式淺呼吸」；

內呼吸——是指血液與組織細胞和氣體交換過程，是細胞呼吸，叫「腹式深呼吸」。

不論是外呼吸還是內呼吸，都需要血液與氣體結合，並進行運輸，供應營養物質。人體依靠胸式呼吸和腹式呼吸一起共同承擔這種呼吸運動，構成內、外呼吸的統一，完成生命機能的氣體交換任務，維持和增強生命活力。這就是氣功。

中國的氣功庫裏功法繁多，最基本的功法有「胸式淺呼吸」和「腹式深呼吸」兩種。人們出生以後，從學會直立行走開始，慣用的就是「胸式淺呼吸」。人們在唱歌或者高興得哈哈大笑的時候，常用的便是「腹式深呼吸」。

「腹式深呼吸」又分為兩種，一種是「腹式自然呼吸」；一種是「腹式反自然呼吸」。這種「腹式反自然呼吸」又叫「逆呼吸」。《普及太極拳》所採用的呼吸方法，就是「逆呼吸」。

逆呼吸——吸氣的時候腹部凹陷，提肛縮腎，氣滿胸廓；呼氣的時候，氣沉丹田，鬆肛落腎，腹部凸平還原。這種呼吸方法，適合人體運動的需要，符合拳勢運

動的要求，不僅使拳勢配合呼吸，還能使氣勢催動拳勢，達到行氣斂入骨髓。

「調息」是在自我主觀意識支配下，按照練拳的需要，以深、細、慢、勻、長的呼吸節奏，調節呼吸頻率，由平常人1分鐘呼吸16～18次，逐步減少到每分鐘呼吸9次、8次，或7次、6次，不斷提高「氣功」的質量。

《普及太極拳》套路的編排，每個動作一起一落，為人體的一吸一呼順達配合。過渡動作為吸氣，定式為呼氣。節奏清楚，虛實分明。呼吸均勻則動作均勻，呼吸緩慢則動作緩慢。呼吸頻率與行拳速度成正比。

第一節　調息法

一、呼吸姿勢

（1）站式姿勢：與「太極起勢樁」相同。

（2）臥式姿勢：仰臥平躺床上，枕頭高與肩平。兩腿自然伸直，兩手自然平擺身體兩側。（圖4-1）

圖4-1

二、呼吸方法

1. 呼吸要求

全身放鬆，大腦安靜，思想集中，排除一切雜念，收心內視。口微閉，舌抵上齶，鼻吸鼻呼。呼吸時無聲無象。

2. 呼吸操作

吸氣時，舌抵上齶，小腹內凹，微微提肛縮腎，以意領氣息緩緩從丹田上升至心窩。略停1秒鐘，呼氣。呼氣時，舌抵口腔下壁，意領氣緩緩下降到丹田，小腹部凸平，回復原狀。微微鬆肛落腎，略停1秒鐘，再吸氣。如此循環練習。（圖4-2）

圖4-2

三、注意事項

（1）從始至終要求順其自然，不急不躁，不造作不強求，長期堅持，循序漸進。

（2）呼吸時，要求做到深、細、慢、勻、長，用意不用力。吸氣與呼氣的時間長短基本相等。

（3）練習時間不宜過長。每天利用睡前或醒後，抽出3分鐘時間練習數息。

行氣訣：

一吸便提（肛），息息歸臍，

一提便鬆（肛），氣布全身。

第二節　氣功六字訣

「六字訣」是中國傳統氣功中的一種功法，它與現代科學發現的「次聲波」證同。次聲波的頻率低於20赫茲，不能引起聽覺的聲波，是人們耳朵聽不見的聲音，但是它的穿透力很強。

「次聲波」的電磁波與生物細胞的細胞分子、原子都具有相干的自動震盪譜。這些頻率正處於次聲波震盪頻率範圍之內，機體接收到此聲波輻照能量後，引起了生物共振效應，進而誘發一系列的生物化學反應，使體

內的微觀結構重新組合排列，使蛋白質、氨基酸、酶的活性發生變化，因而，調節細胞的代謝功能，提高機體的應急能力和免疫能力。

「六字訣」就是利用六個不同字音的次聲波，影響人體六個不同臟腑的功能效果，激起一種良性反應，增強人的體質，充沛人的精、氣、神。

一、六個字音對應臟腑

（1）「噓」（xū，陰平），讀虛，對應肝臟。
（2）「渴」（kě陰平），讀科，對應心臟。
（3）「呼」（hū陰平），讀乎，對應脾臟。
（4）「呬」（sì去聲），讀四，對應肺臟。
（5）「吹」（chūi陰平），讀炊，對應腎臟。
（6）「嘻」（xī陰平），讀希，對應三焦。

二、六個字發音口型

（1）「噓」字：撮攏嘴唇捲起舌，舌溝中間吐「虛」字。

（2）「渴」字：張開嘴唇懸起舌，舌根撞喉吐「科」字。

（3）「呼」字：撮圓嘴唇微鼓腮，懸舌後縮吐「乎」字。

（4）「呬」字：上下牙齒輕相對，舌尖抵齒吐

「四」字。

（5）「吹」字：撮圓嘴唇懸起舌，舌沖上齶吐「炊」字。

（6）「嘻」字：上下牙齒輕相對，平展舌面吐「希」字。

三、注意事項

（1）採用「逆呼吸法」進行發音，發出的聲音只有自己心靈能夠聽見。

（2）六個字按順序進行練習，每個字練習6遍。

內勁訣：

> 牽動往來氣貼背，
> 滿身輕利體貫鉛；
> 柔行氣，剛落點，
> 觸及何處何處鑽。

第五章　　內勁篇

　　太極拳內功，即纏絲勁。陳鑫在《陳氏太極拳圖說》中說：「太極者，纏法也。」纏絲勁是太極拳運動特有的功夫。我們把圓架子作為太極拳的基礎，那麼氣功就是太極拳運動的中心，而纏絲勁則是太極拳的一頂皇冠。它是基於運動本身發展規律而形成的。

　　纏絲勁的旋腰轉背，是身軀中正、隨遇平衡的自然驅動；手纏絲的旋肘轉腕，是圓弧曲線運動的逐步提高；足纏絲的旋膝轉踝，是腳走弧線的必然結果。所以，太極拳的纏絲勁是在第一步架子功和第二步氣功的基礎上功夫深厚的表現，它不可割裂練就，更不能拔苗助長。

　　「旋腰轉背」是以腰脊旋轉帶動四肢旋轉，形成第一對腰脊的「自轉」帶動四肢的「公轉」。

　　「旋膝轉踝」和「旋肘轉腕」：形成第二對膝、肘的「自轉」帶動踝、腕的「公轉」。

　　「旋腕轉指」和「旋踝弓趾」：形成第三對旋腕、旋踝的「自轉」帶動「繞指柔」和「弓趾抓地」的「公轉」。

　　以上三對「自轉」和「公轉」，像一座時鐘的齒輪，相互牽引，相互圓轉，活似車輪一樣形成了從頭、胸、腹到四肢百骸，共15段、71節、142個順、逆圓弧纏絲，從而調動無數根細微血管，組成許許多多的左圓、右圓、上圓、下圓、前圓、後圓、裏圓、外圓、平面圓和立體圓，像無數條「中國龍」在全身滾動著。這種科學的纏絲勁運動，是圓運動的昇華，意、氣、勁的結晶，它可以化力，可以化淤，可以化僵成柔。這種高層次的強身健體運動，確能抗衰防老，青春常駐。

第一節　手纏絲

一、仰掌平面纏絲

　　右手仰掌於身前，拇指領先向身外旋出，為順纏絲；小指領先向身內旋回，為逆纏絲。左手亦然。（圖5-1）

二、俯掌平面纏絲

　　右手俯掌於身前，小指領先向身外旋出，為順纏絲；拇指領先向身內旋回，為逆纏絲。左手亦然。（圖5-2）

三、手立體纏絲

　　右手仰掌於身前，拇指領先向外旋出；旋出後變俯

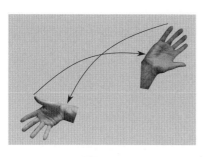

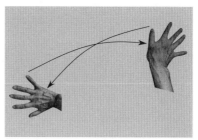

圖5-1 圖5-2

掌，拇指領先向身內旋回，形成一個「8」字形，稱做
「仰掌送陽出，俯掌收陰回」。左手亦然。（圖5-3）

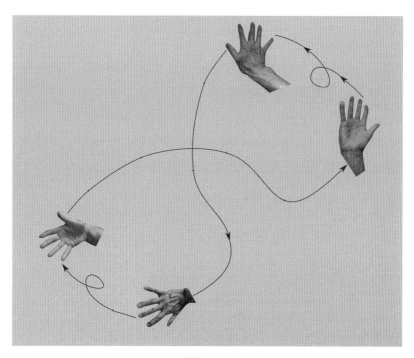

圖5-3

圖5-4　　　　　　　　圖5-5

第二節　足纏絲

一、進步纏絲

左腳在前，右腳在後（丁八步站立），左腳支撐身體重心，右腳提腿，腳尖靠近左腳踝向前進步，小趾領先向外旋出，為順纏絲。（圖5-4、圖5-5）

二、退步纏絲

右腳在前，左腳在後（丁八步站立），左腳支撐身體重心，右腳提腿，腳尖靠近左腳踝向後退步，腳大趾領先向後旋退，為逆纏絲。（圖5-6、圖5-7）

圖5-6

圖5-7

圖5-8

圖5-9

三、轉向纏絲

兩腳平行站立。身體欲向左轉，先以右腳跟為軸，腳尖翹起，腳大趾領先旋踝內扣，身體左轉；左腳以前掌為軸，腳小趾領先外撇，腳跟內扣。反之亦然。（圖5-8、圖5-9）

圖 5-10

圖 5-11

第三節　腰脊纏絲

一、左纏絲

兩腳開立，與肩同寬，腹前抱圓，身體放鬆，頭正、頸直、鼻對臍。腰部向左邊旋轉，為順纏絲；右轉還原，為逆纏絲。（圖5-10）

二、右纏絲

與左纏絲相反。（圖5-11）

纏絲勁訣：

旋腰轉背雙胯靈，
旋膝轉踝趾抓地；
旋肘轉腕繞指柔，
意氣勁貫趾指頭。

第六章　拾玉篇

　　為了普及太極拳運動開展得順利有效，這裏引書訓古，說文解字，拾掇幾則溫潤而光澤的玉篇，增添絲絲情趣，與愛好太極拳的人們共享、共勉。

第一節　「學拳」借鑒「學書法」

　　中國書法藝術是中華民族文化的瑰寶，與太極拳有著共同的哲理基礎和共同的審美追求。中國書法是用毛筆字書寫漢字的藝術，其筆、墨、點畫的變化組合與太極拳的手、眼、身、步法的運行和組編，有許多形似和神通之處。現代書法家歐陽中石在《光明講壇》上演講《文化與書法》時說：

　　可能要寫好一個字是很困難的，但只要會寫第一個字，第二個字就容易多了。能會了兩個字，以後的第三、第四個字，就步步容易多了，會上十來個字，差不多許多字就都會了。

　　這種「先精後深」的規律是給能夠抓住第一個字的人準備的，與那種從來都是一摸而過的人無緣。

　　總的說來，不「學」光練不行，大費「工夫」「學」而學不死，結果一定是「不死不活」；所以「學」必須「有實效」，抓死一個，越抓越多，學得雖「少」而「會得多」；這是「學」中最「便宜」、最「合算」的方法。

第二節　「看圖學拳」說

　　當你要學練某一種拳式的時候，必須採取「三看七練」、循序漸進的學習方法。

　　（1）看前式動作過程，再看後式動作定位。

　　（2）看腰部以下的腳步，再看腰部以上的身手。

　　（3）看前一式與後一式的動作連貫，弄清楚「來龍去脈」，在腦子裏形成一個具象，然後重複學習7遍。抓死一個。

第三節　「白蛇吐信」釋

　　拳式名稱「白蛇吐信」，是來自民間流傳的一個故事。

　　中國的農曆，把一年十二個月畫分為二十四個節氣。從「立冬」節那天開始，標誌著冬天已經到來，大自然慢慢進入一片霜天雪地、四野冰封的世界。此時，蛇蟲不吃不喝，口含一粒石子，蜷臥在洞中冬眠。等到

來年春天農曆的「驚蟄」開始，春雷滾滾，春雨綿綿，春暖花開，大地萬物更新。此時，蛇蟲爬出洞外，伸出頭，張開嘴，把含在口內的石子吐出來。這粒石子便稱做「信」，傳遞美好春天信息的「信石」，以托物寄情、取象比類的情思，人們便把太極拳這個拳式冠上一個優美的「白蛇吐信」，讓人感到情趣盎然。

第四節 「立如秤準」析

「立如秤準」是王宗岳在《太極拳論》中的一個規矩。「秤」是中國古代流傳至今的一種衡具，稱量物體重量的「杆子秤」。

這是一杆常見的秤，中國人都見過、用過。這桿秤有個秤耳，叫「千斤吊」；有根平衡木，叫「秤桿」；有個彎鉤盤，盛物的；有個「小秤砣」，壓陣的。這是一杆已經稱好了物量的秤。50斤物量由一個小小的秤砣壓住，準確、平衡。

我們眼前所看到的：

（1）這是一個非常準確而平衡的物象。（立身中正）

（2）秤桿兩頭，任何一端加上或減少一點點重量，這個平衡就會受到破壞。（一羽不能加，蠅蟲不能落）

（3）如若再次調整平衡，首先須把「千斤吊」提起、垂直。（頭頂百會，虛領頂勁）

（4）再要調整時，這個小秤砣在秤桿上前後移動著，從不平衡達到平衡。（四兩可撥千斤）

我們從這個「立如秤準」的感悟中，領略到太極理法的深奧，太極技法的縝密，練拳終身，難盡其妙。

第七章　行拳口訣十二首

所謂口訣，是人們在行拳練功的體驗中所積累起來的經驗和心得以及有效的練功方法加以總結提煉，並將其凝聚成一首詩、一句話或一個字，再運用它來指導練功，不斷提高練功水準，從而達到「在普及的基礎上提高，在提高的指導下普及」的目的。

口訣又稱「秘訣」，即秘而不傳的訣竅。傳統上，長輩傳男不傳女，師傅只傳入室徒兒，並且有「寧給金一斗，不傳一口經」的老話。其實，秘訣也是從汗水中泡出來的，沒有什麼神秘之處。所以《玄妙鏡》中說：「玄妙真訣無多語，識破原來笑煞人。」對待秘訣，我的態度是：有用而不要迷信！

先將本書中收入的十二首行功口訣歸納在一起，供習練者練功時參考。

一、圓架子訣

定步、定式、走直線，過渡動作抱圓圈；

一呼一吸一起落，連綿不斷圓套圓。

二、手法訣

仰掌送陽出，俯掌收陰歸；
陰陽消長轉，折疊自然成。

三、步法訣

一腳站穩一腳進(退)，腳尖靠近穩腳行；
進退弧線走得準，前後左右轉換靈。

四、身法訣

立身中爭眼平視，寬胸虛腋頂頭懸；
沉肩垂肘丹田氣，身兼五弓處處圓。

五、眼法訣

目光隨手轉，高低餘光跟；
神視凌空點，垂簾寒光收。

六、定式訣

拳（掌）從心窩出，出手三尖對；
凡是椿碼步，屈膝對足尖。

七、走架訣

百會、會陰上下牽，兩會連根垂直線；
站如鬆，坐如鐘，左旋右轉不離偏。

八、虛實訣

虛後必實實變虛，實後必虛虛變實；
虛實轉換重心移，隨遇平衡虛實明。

九、行氣訣

一吸便提（肛），息息歸臍；
一提便鬆（肛），氣布全身。

十、內勁訣

牽動往來氣貼背，滿身輕利體貫鉛；
柔行氣，剛落點，觸及何處何處鑽。

十一、纏絲勁訣

旋腰轉背雙胯靈，旋膝轉踝趾抓地；
旋肘轉腕繞指柔，意氣勁貫趾指頭。

十二、練意訣

體鬆心靜萬念除，聚精會神警覺靈；

掤捋擠按採挒靠，虛實變化意中尋。

歡迎至本公司購買書籍

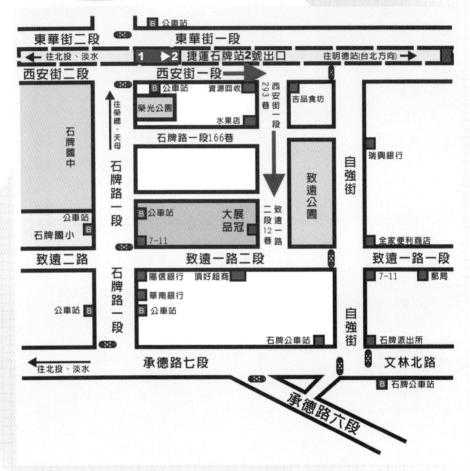

建議路線

1.搭乘捷運·公車

　　淡水線石牌站下車，由石牌捷運站２號出口出站(出站後靠右邊)，沿著捷運高架往台北方向走(往明德站方向)，其街名為西安街，約走100公尺(勿超過紅綠燈)，由西安街一段293巷進來(巷口有一公車站牌，站名為自強街口)，本公司位於致遠公園對面。搭公車者請於石牌站(石牌派出所)下車，走進自強街，遇致遠路口左轉，右手邊第一條巷子即為本社位置。

2.自行開車或騎車

　　由承德路接石牌路，看到陽信銀行右轉，此條即為致遠一路二段，在遇到自強街(紅綠燈)前的巷子(致遠公園)左轉，即可看到本公司招牌。

國家圖書館出版品預行編目資料

普及太極拳／劉南亮　著
——初版，——臺北市，大展，2015〔民104.01〕
面；21公分 ——（武術特輯；151）
ISBN　978－986－346－054－1（平裝）
1.太極拳
528.972　　　　　　　　　　　　103022656

普 及 太 極 拳

著　　　者／劉南亮
責任編輯／張建林
發 行 人／蔡森明
出 版 者／大展出版社有限公司
社　　　址／台北市北投區（石牌）致遠一路2段12巷1號
電　　　話／（02）28236031・28236033・28233123
傳　　　眞／（02）28272069
郵政劃撥／01669551
網　　　址／www.dah-jaan.com.tw
E－mail／service@dah-jaan.com.tw
登 記 證／局版臺業字第2171號
承 印 者／傳興印刷有限公司
裝　　　訂／承安裝訂有限公司
排 版 者／弘益電腦排版有限公司
授 權 者／北京人民體育出版社
初版1刷／2015年（民104年）1月

定 價／220元

大展好書　好書大展
品嘗好書　冠群可期

大展好書　好書大展
品嘗好書　冠群可期